U0878564

大学英语教学模式与体系构建研究

主　编　吴　琼　岑忻巧　潘　萌

副主编　刘　蕾

延吉·延边大学出版社

图书在版编目（CIP）数据

大学英语教学模式与体系构建研究 / 吴琼，岑忻巧，潘萌主编. -- 延吉 : 延边大学出版社, 2023.5
ISBN 978-7-230-05041-8

Ⅰ. ①大… Ⅱ. ①吴… ②岑… ③潘… Ⅲ. ①英语－教学模式－研究－高等学校 Ⅳ. ①H319.3

中国国家版本馆 CIP 数据核字(2023)第 096776 号

大学英语教学模式与体系构建研究

主　　编：吴　琼　岑忻巧　潘　萌
副 主 编：刘　蕾
责任编辑：李　真
封面设计：文合文化
出版发行：延边大学出版社
地　　址：吉林省延吉市公园路977号　　邮　　编：133002
网　　址：http://www.ydcbs.com　　E-mail：ydcbs@ydcbs.com
电　　话：0433-2732435　　传　　真：0433-2732434
印　　刷：三河市嵩川印刷有限公司
开　　本：787毫米×1092毫米　1/16
印　　张：13.75
字　　数：260千字
版　　次：2023年5月第1版
印　　次：2024年1月第1次印刷
书　　号：ISBN 978-7-230-05041-8

定　　价：58.00 元

前　言

随着经济全球化的持续发展以及中国对外开放的不断深入，国家之间的交流与合作日益频繁，社会急需一批高水平、高能力、高素质的英语人才。英语教学是培养英语人才的重要领域，对提高学生的英语水平起着重要的推动作用，甚至对社会的发展起着一定的促进作用。大学英语教学承担着培养语言基本功扎实、跨文化技能娴熟、国际视野宽广、中国情怀博大、专业基础宽厚、国际规范熟悉的国际化人才的使命。

本书属于大学英语教学模式与体系构建方面的著作，大学英语在高校教育体系中占有重要的地位。本书由大学英语教学的理论基础入手，阐述了大学英语教学的构成因素、基本原则；论述了大学英语教学模式的改革；探索了信息化背景下大学英语教学模式与学习方式的创新；然后分别对大学英语阅读教学、听力教学、写作教学、口语教学等课堂教学进行了探讨；对大学英语教材与师资队伍的构建、大学英语教学评价体系构建、大学英语生态课堂体系构建以及大学英语教学跨文化交际能力培养体系的建构进行了深入系统的研究。本书可作为英语教学及相关专业的教学科研人员和英语爱好者的学习参考著作。

本书在撰写过程中，参考、借鉴了大量著作与部分学者的理论研究成果，在此一并表示感谢。由于笔者精力有限，加之行文仓促，书中难免存在疏漏与不足之处，望各位专家学者与广大读者批评指正，以使本书更加完善。

目 录

第一章 大学英语教学概述 …… 1

第一节 大学英语教学的理论基础 …… 1

第二节 大学英语教学的构成因素 …… 11

第三节 大学英语教学的基本原则 …… 19

第二章 大学英语教学模式改革 …… 25

第一节 教学模式概述 …… 25

第二节 新形势下大学英语教学改革的走向 …… 35

第三章 信息化背景下大学英语教学模式与学习方式 …… 38

第一节 信息化背景下大学英语教学模式的创新 …… 38

第二节 信息化背景下大学英语学习方式的改革 …… 56

第四章 大学英语课堂教学的理论基础 …… 65

第一节 大学英语阅读教学 …… 65

第二节 大学英语听力教学 …… 76

第三节 大学英语写作教学 …… 83

第四节 大学英语口语教学 …… 89

第五章 大学英语教材与师资队伍的构建 …… 98

第一节 大学英语教材体系的完善 …… 98

第二节　大学英语教师专业素质的提升 …… 112

第六章　大学英语教学评价体系构建 …… 125

第一节　英语教学评价简述 …… 125

第二节　大学英语教学评价的失衡现象 …… 133

第三节　大学英语教学综合评价体系的构建 …… 135

第七章　大学英语生态课堂体系构建 …… 144

第一节　生态课堂概述 …… 144

第二节　大学英语课堂的生态性论证与生态平衡观 …… 154

第三节　大学英语生态课堂的构建 …… 167

第八章　大学英语教学跨文化交际能力培养体系的构建 …… 183

第一节　跨文化交际能力培养的认知体系 …… 183

第二节　跨文化交际能力培养的情感体系 …… 191

第三节　跨文化交际能力培养的行为体系 …… 199

参考文献 …… 210

第一章　大学英语教学概述

第一节　大学英语教学的理论基础

大学英语教学是一种科学性的教学，是建立在一定的理论基础之上的。但是，由于理论研究者的侧重点不同，所形成的理论对大学英语教学也有着不同的影响。对大学英语教学理论基础的了解能够提高大学英语教学的有效性和科学性。下面对几种常见的理论基础进行介绍。

一、比较语言学

比较语言学，是把各种语言放在一起加以共时比较或把同一种语言的历史发展的各个不同阶段进行历时比较，以找出它们在语音、词汇、语法上的对应关系和异同的一门学科。利用这门学科，一方面可以研究相关语言之间结构上的亲缘关系，找出它们的共同母语，或者明白各种语言自身的特点对语言教学起到的促进作用；另一方面可以找出语言发展、变化的轨迹和导致语言发展、变化的原因。

比较语言学起源于18世纪的欧洲，被广泛应用于19世纪的印欧语研究，并取得了较大的成果。1808年，弗里德里希·冯·施勒格尔发表了题为《论印度人的语言和智慧》的学术论文。他强调语言内部结构方面的研究，指出梵语和拉丁语、希腊语、日耳曼语等在词汇及语法关系方面有着亲缘关系，并首次使用了“比较语法”这一术语。拉斯姆斯·拉斯克在1811年出版了一本讨论古北欧语的语法书，1830年又出版了一本讨论古英语的语法书。在这两部书中他首次使用语音对应关系来比较不同语言中的词源形式。后来的“格林定律”中的各种对应关系实际上是由拉斯克首先提出并用例子加以证明的。雅各布·格林1822年出版的《德语语法（第二版）》，用较大的篇幅来讨论字母，阐述了德语与其他印欧语言之间的语音对应关系。他所发现的这些语音对应规律被后人称为“格林定律”。弗兰茨·葆朴的语言研究目的是找出语言的原始语法结构。他在《比较语法》一书中宣称，他的目的在于对有关语言进行比较描写，探索支配这些语言的规律及其曲折变化的起源。在探索原始语法结构的过程中，他发现了比较语法的原理。

二、理论语言学

一般把研究某种具体语言的语言学称为具体语言学，如汉语语言学或英语语言学等，把侧重理论探讨的语言学称为理论语言学。理论语言学同语言学的其他分支学科一样，是一门十分严谨的科学。理论语言学一般注重考察人类语言的共同规律和普遍特征，而不是研究某一门具体语言。这是它与现代汉语、古代汉语和现代英语等具体语言课程或学科的重要区别。它是从具体的语言现象中总结、归纳出普遍的、系统的理论和规律，并用这个理论指导各个具体语言的学习研究。其内容包括语言的本质、构成、意义以及如何使用。理论语言学可以有效地帮助人们正确、科学、全面地认识语言。

理论语言学分支主要包括语音学、音位学、词汇学、句法学和语义学。语音学研究语音的物理属性、人类发音的方法、语言感知的生理过程，主要内容包括语音的发音机制、元音、辅音、语言的韵律特征等。音位学则研究一种语言有多少个不同的音，这些音彼此之间的区别和关系，主要内容包括音位和语音的区分特征。词汇学研究词的构成及变化规律。句法学研究句子的结构。语义学研究词的意义以及同义、反义、上下义等语义关系。这些学科的研究成果都可以直接地应用于英语教学的实践之中。

三、社会语言学

社会语言学是20世纪60年代在美国首先兴起的一门边缘科学，它主要是指运用语言学和社会学等学科的理论和方法，从不同的社会科学的角度去研究语言的社会本质和差异的一门学科。社会语言学主要研究社会的各层面（包含文化准则、社会规范或对话情境）对语言运用的影响以及语言对社会的影响。

社会语言学侧重社会对语言的影响，因而不同于侧重语言对社会的影响的语言社会学。社会语言学的研究内容与语用学非常相似。传统上来说，社会语言学也与语言人类学非常相近。社会语言学研究不同社会群体（如不同族群、宗教、社会阶层、性别、教育程度、年龄等）所使用语言的不同，以及这些社会属性是如何被创造出来，并用来区分一个人在社会阶层中的地位的。美国社会语言学家德尔·海姆斯提出了社会语言学的研究目标，主要包括三个方向：社会目标、语言目标和社会现实。海姆斯特别强调社会语言学的目标应该具有广泛性、跨学科性和多学科性。

四、应用语言学

19 世纪初，语言理论方面的研究和应用方面的研究开始分化。19 世纪末，博杜恩·德·库尔德内提出了应用语言学这个概念，但没有得到广泛关注。20 世纪以后，语言科学得到了进一步的发展，应用范围空前扩大，语言应用方面的研究和理论方面的研究被明确地区分开来，应用语言学这个名词开始广泛运用，并促成了应用语言学和理论语言学的分化。

应用语言学是研究语言在各个领域中实际应用的语言学分支。它着重解决现实当中的实际问题，一般不接触语言的历史状态，也不大介入一般理论上的争辩。可以说，它是鉴定各种理论的实验场。应用语言学研究的框架，是以语言规划、语言教学和语言信息处理为支柱而建立的，通过这三大支柱向其他学科蔓延。这个框架条理清晰地整合了应用语言学的学科性质以及其特有的研究范围。应用语言学自身的特点，决定了其具有独立性、综合性、应用性和实验性。

从某种意义上来讲，凡是与语言学的应用有关的问题和现象，都属于应用语言学的研究范畴。所以，广义的应用语言学是语言学在各方面的应用以及有关各实际领域的学问的统称，即指语言学知识和研究成果所应用的一切领域和方面；狭义的应用语言学专指语言教学，特指外语教学和第二语言教学。目前，谈到应用语言学，人们大多是从狭义的角度来说的。

应用语言学是语言理论和语言教学实践之间的一座桥梁。对英语和第二语言学习的研究构成了应用语言学的中心部分。比较分析和错误分析方面的理论为语言的教授和学习过程提供了许多有益的启示。有些比较分析通过母语和所学语言之间的比较来预测可能出现的难点。错误分析试图对学习者所犯的语言错误进行系统分析，从而知道该怎样改进教与学的方式。

教学法研究也是应用语言学研究的一个重点，语法翻译法、直接教学法、听说教学法、情景教学法、功能教学法、交际教学法都在英语教学领域得到过广泛应用。近年来，应用语言学界又逐渐从关注教学法的研究转移到关注学习者的个体差异方面，包括智力、语言学能、人格特征、学习方式、学习策略、学习动机、学习兴趣、家庭环境等。

语言测试也是人们目前比较关注的问题，尤其是在应试教育盛行的情况下，人们开始意识到应该采用更有效的测试与评估手段，这些测试与评估手段对英语教学形成良性的反拨作用。英语测试根据其用途可分为多种类型：潜能测试用来预测语言学习的能力；诊断测试用来检查教学中的问题，了解学习者掌握了些什么，还有哪些没掌握，并提出补救措施；成绩测试往往根据特定的教学大纲检查学习者对所教内容的掌握程度；水平测试用来评估学习者总体的语言能力，以便知道他能否胜任某一工作。试卷设计的方法、考试分数的计算，以及试卷的评估都是应用语言学非常关注的问题。现在人们开始注意形成性评价在英语教学中的应用，注意评价学习者在学习过程中使用所学知识进行学习活动的情况，以便客观地反映学习者的进步。

五、行为主义心理学

行为主义心理学是美国现代心理学的主要流派之一，也是对西方心理学影响较大的流派之一，其创始人是美国的心理学家约翰·华生。行为主义心理学主张以客观的方法研究人类的行为，从而预测和控制有机体的行为。它分为古典行为主义学派和新行为主义学派，代表人物是华生和伯尔赫斯·弗雷德里克·斯金纳等。

行为主义的研究方法比较丰富，主要包括观察法、条件反射法、言语报告法、测验法和社会实验法。观察法包括自然观察和借助仪器的观察。条件反射法是把生理学中的条件反射法引入心理学中对行为进行试验研究的方法，是行为主义心理学的重要研究方法。言语报告法即由被试者报告其体内的变化，又称口头报告法。行为主义的测验法是测验被试者对刺激情境所作出的反应，这种方法可以应用到有语言缺陷的人身上。行为主义的社会实验法在某种程度上可以说是行为主义原理在社会问题研究中的应用，可以考察社会情境和社会变化之间的关系。

六、人本主义心理学

人本主义心理学是20世纪五六十年代兴起于美国的一种心理学思潮，是继行为主义心理学和精神分析理论之后的西方心理学中的“第三势力”，主要代表人物是亚伯拉罕·马斯洛和卡尔·罗杰斯。人本主义运动是与程序教学运动、学科结构运动齐名的20世纪三大教学运动之一。人本主义心理学研究的主题是人的本性及其与社会生活的关系。他们强调人的尊严和价值，主张心理学要研究对个人和社会进步富有意义的问题；在方法论上，他们反对以动物实验结果推论人的行为，主张对人格发展进行整体分析和个案研究。无论是马斯洛的自然人性说和自我实现的需要层次理论，还是罗杰斯基于尊重、真诚、悦纳的“完人”教育观，都从人性的角度启示我们重新审视儿童的本性与潜能、需要与自我实现，以及早期教育活动的开展等问题。

其中，马斯洛的思想以人性本善为前提。人本主义的目的追根究底就是人的自我实现，即帮助人达到他能够达到的最佳状态。在马斯洛看来，人具有一种与生俱来的潜能，发挥人的潜能，超越自我是人的最基本要求。环境具有促使潜能得以实现的作用。然而，并非所有的环境条件都有助于潜能的实现，只有在一种和睦的气氛下，在一种真诚、信任、理解的关系中，潜能才能像得到了充足阳光和水分的植物一样蓬勃而出。

七、皮亚杰的发生认识论

发生认识论是瑞士心理学家让·皮亚杰根据以他为代表的日内瓦学派对儿童心理发展的研究和其他学科有关认识论的研究而提出的一种关于认识论的理论。发生认识论试图以认识的历史、社会根源以及认识所依据的概念和“运算”的心理起源为根据来解释认识，特别是解释科学认识。他认为，人类的知识不管多么高深、复杂，都可以追溯到人的童年时期，甚至可以追溯到胚胎时期。

皮亚杰的发生认识论关于学习的基本观点可以归纳为：①学习在结构的功能作用和发展成长这一过程中所起的作用是有限的。②对某种特定行为或内容的学习，只有当存在相应的结构时才能发生。个体对客观世界所采取的行动，其本身就是结构的操作活动，在这个过程中，他把新的信息同化于已有的结构，有时甚至要改变原有的结构。③结构根据某种规律而成长发展。认识成长的功能不在于产生作为现实的、可验证的复本行动图式，而在于产生越来越强有力的逻辑结构，使个体能用越来越灵活而复杂的方式作用于现实世界。

八、建构主义理论

建构主义是一种关于知识和学习的理论，强调学习者的主动性，认为学习是学习者基于原有的知识经验生成意义、建构理解的过程，而这一过程常常是在社会文化互动中完成的。建构主义理论的主要代表人物有皮亚杰、罗伯特·斯滕伯格、列夫·维果斯基。建构主义提倡教师指导下的、以学习者为中心的学习，也就是说，既强调学习者的认知主体作用，又不忽视教师的指导作用。教师是意义建构的帮助者、促进者，而不是知识的传授者与灌输者。学习者是信息加工的主体，是意义的主动建构者，而不是外部刺激的被动接受者和被灌输的对象。在20世纪80年代，建构主义以理论研究为主，缺乏实践可操作性。而到了20世纪90年代以后，迅速发展的多媒体和网络技术为建构主义理论学习环境提供了技术支持，使得建构主义的学习理论、教学设计思想得以实现。

建构主义理论的内容很丰富，但其核心只用一句话就可以概括：以学习者为中心，强调学习者对知识的主动探索、主动发现和对所学知识意义的主动建构（而不是像传统教学那样，只是把知识从教师头脑中传送到学习者的笔记本上）。

九、乔姆斯基的语言学理论

美国著名哲学家、语言学家艾弗拉姆·诺姆·乔姆斯基研究的不是一般语言现象，即语言的运用，而是语言能力。他提出的转换生成语法就是关于语言能力的语法，这种语法理论的研究对象是“被理想化了的说话人和听话人的语言知识”。他认为，语言理论的主要任务是向人们提供选择语法时要依据的标准。生成语法就是这样的语法理论，它的中心思想是：某一语言的语法应该生成所有的句子。他认为，语言能力是说某种语言的人对这种语言的内在认识，而语言运用则是人具体使用某种语言的行动。尽管语言能力是语言运用的基础，语言运用反映了语言能力，但是语言运用并非语言能力的简单反映。

十、克拉申的第二语言习得理论

美国语言教育家斯蒂芬·克拉申的第二语言习得理论的提出实质上是对近二三十年来第二语言或外语学习研究的总结，并把各种研究成果加以理论化、系统化，使之成为一个自成体系的学说。克拉申从 20 世纪 70 年代初便开始研究第二语言习得，20 世纪 80 年代初发表了集其研究之大成的两部专著《第二语言习得和第二语言学习》《第二语言习得的原则和实践》；并与特雷西·特雷尔合作于 1982 年出版了《自然途径》一书。在这三部著作中，克拉申通过对第二语言习得过程的分析，系统地阐述了他的外语教学思想和体系。克拉申的第二语言习得理论主要由以下五个假设组成。

（一）习得一学得差异假设

克拉申第二语言习得理论的出发点和核心是他对习得和学得的区分，以及对它们各自在习得者第二语言能力形成过程中所起作用的认识。根据习得一学得差异假设，成人是通过两条截然不同的途径逐步获得第二语言能力的。

第一条途径是语言习得，这一过程类似于儿童母语能力发展的过程，是一种无意识地、自然而然地学习第二语言的过程。也就是说，在学习过程中，学习者通常意识不到自己在习得语言，而只在自然交际中不知不觉地学会了第二语言。

第二条途径是语言学习，即通过听教师讲解语言现象和语法规则，并辅之以有意识的练习、记忆等活动，从而了解所学语言，掌握其语法概念。

习得的结果是潜意识的隐性语言能力的养成；学得的结果是对语言结构有意识的显性知识的分析和记忆。克拉申认为，只有语言习得才能直接地促进第二语言能力的发展，才是人们运用语言时的生产机制；而对语言结构有意的了解，只能在语言运用中起监检作用，不能视为语言能力本身的一部分。克拉申强调习得是首要的、第一位的，但也并不排斥学得的作用。

（二）监检假设

监检假设与习得—学得差异假设密切相关，它体现出语言习得与语言学习的内在关系。根据这一假设，语言习得与语言学习的作用各不相同。一般说来，语言习得能引导人们讲第二语言，并直接关系到人们说话的流利程度；而语言学习只起监检或“编辑”的作用。换句话说，当人们开口说话时，话语由习得系统产生，经学得系统监检后成为“真言”而吐露出口。语言学习的这种监检功能可能在人们说话或写作之前，也可能在之后。然而，它能否充分发挥作用还有赖于以下三个条件：①语言使用者必须要有足够的时间才能有效地选择和运用语法规则；②语言使用者的注意力必须集中在所用语言的形式上，也就是说，语言使用者必须考虑语言的正确性；③语言使用者必须掌握所学语言的语法概念及语言规则的知识。

在口头交谈中，人们往往没有时间去考虑、斟酌语法，注重的是说话内容而不是形式。因此，在口头交流中，如果一方过多地使用语法监检，不时地纠正自己讲话中的语法错误，说起话来就会结结巴巴，使对方失去交谈的兴趣。但在事先准备的正式发言和写作中，语法的使用能提高语言的准确性，为演讲或文章增添色彩。

（三）输入假设

输入假设也是克拉申第二语言习得理论的核心部分。这一假设表明了克拉申对第二语言习得者接受并吸收语言材料这一过程的实质的认识。以前的外语教学由于受结构主义语言学的影响，大力提倡先学句子结构（即句型），再在交际中加以练习。克拉申则认为，只有当习得者接触到“可理解的语言输入”，即略高于他现有语言技能水平的第二语言输入，而他又能把注意力集中于对意义或信息的理解而不是对形式的理解时，才能产生习得。如果习得者现有水平为“i”，能促进他习得的就是“i+1”的输入。克拉申认为，理想的输入应具备以下几个特点。

1.可理解性

理解输入语言的编码信息是语言习得的必要条件，不可理解的输入对于习得者而言只是一种噪声。

2.既有趣又有关

要使语言输入对语言的习得有利，就必须对它的意义进行加工。输入的语言材料要既有趣又有关，使学习者在不知不觉中习得语言。

3.非语法程序安排

如果目的是习得而不是学得，那么按语法程序安排的教学不仅不必要，而且不可取。

4.足够的输入量

语言习得的关键是足量的可理解的输入。要习得新的语言结构，仅靠几道练习、几篇短文是不够的，还需要连续不断的有内容、有乐趣的广泛阅读和大量的会话。

（四）情感过滤假设

情感过滤假设认为，有了大量的适合的输入环境并不等于学习者就可以学好目的语，第二语言习得的进程还受许多情感因素的影响。语言输入必须通过情感过滤才有可能变成语言“吸入”。

在语言输入到达大脑语言习得器官的过程中，过滤是输入的语言信息必须逾越的第一道障碍。也就是说，情感因素起着促进或阻碍的作用。克拉申在总结第二语言教学经验时指出，在习得第二语言或外语的过程中，习得者并不能吸收他所听到的一切，其习得语言的速度和质量受以下心理因素的影响。

1.动力

学习者的学习目的是否明确，直接影响他们的学习效果。目的明确则动力大，进步快；反之，则收效甚微。

2.性格

所有的文献几乎都一致表明，那些比较自信、性格外向、乐于把自己置于不熟悉的学习环境、自我感觉良好的学习者在学习中进步较快。

3.情感状态

焦虑和放松，这两个互为对照的精神状态在较大程度上影响着外界的语言输入。在第二语言或外语的学习中，焦虑较少的人容易得到更多的语言输入。同样，心情放松和感觉舒适的学习者在较短的时间内会学得更好。

（五）自然顺序假设

这一假设认为，人们对语言结构知识的习得实际上是按一定顺序进行的，其次序是可以预测的。近年来语言习得理论研究的结果表明，无论是儿童还是成人，无论是学母语还是学第二语言，都按一定的自然顺序习得语言结构。例如，一些实验研究表明，在儿童和成人将英语作为第二语言学习时，掌握进行时先于掌握过去时，掌握名词复数先于掌握名词所有格等。

克拉申指出，自然顺序假设并不要求人们按这种顺序来制定教学大纲。实际上，如果目的是要习得某种语言能力的话，那么就有理由不按任何语法顺序来教学。

十一、斯温的输出假设

自克拉申提出输入假设以来，语言输入的重要地位已经得到学者的普遍认可，同时语言输出的作用也日渐凸显，并得到语言学者和外语教学工作者的重视。梅里尔·斯温通过其多年的沉浸式教学研究发现，学习者在课堂环境中接收到了足够多的语言输入，但却没有足够使用目的语的机会；此外，社会语言环境和认知压力的缺失也不能迫使语言学习者使用准确、恰当、连贯的语言去表达有交际意义的情感需求。正是基于此，斯温提出了对可理解性输入假设有所补充和改善的可理解性输出假设。在经过多次反复修改后，斯温详细阐明了可理解性输出假设的三大基本功能。

（一）注意功能

这里的注意指的是学习者对自己语言缺陷的注意。输出要发挥作用必须有一个重要的前提，即学习者要具备足够的认知资源来完成对语言形式和语言意义的注意。学习者在产出目的语时会注意到自己想要表达和能够表达的内容之间存在的差距，这使得学习者意识到自己不知道或部分知道的语言知识。当学习者认识到自身的语言问题时，会在以后的输入中更加集中注意力去关注相关的语言特征，加强对这些相关输入信息的处理，这在一定程度上促进了学习者从纯语义加工转向句法形式加工。

（二）检验假设功能

检验假设功能指的是语言输出能对目的语的结构、语义进行假设和检验。第二语言学习被认为是一个对目标语不断做出假设，并对此假设不断检验和修改的过程，所以假设检验这一环节能够极大地促进语言学习。语言输出给学习者提供了检验假设的机会，学习者在实际语言运用中可以通过口头或笔头的表达方式来验证自己学到的语言形式、语言结构是否正确，从而进一步提高其语言输出的准确性。

（三）元语言功能

这里的元语言指学习者所具有的有关语言知识（如语言形式、语言结构等）的综合。斯温强调，当学习者反思他们自己的目标语用法时，输出即起着元语言功能。对元语言功能的研究表明，语言表达及用语反思对第二语言习得具有积极作用。例如，当学习者用英语表达时，不得不调用已学过的英语知识，包括语法规则、词语搭配、词句使用是否确切得体等，这就使其英语知识不断得到巩固内化，达到语言习得的目的。

第二节　大学英语教学的构成因素

一、教师

教师是教学活动的组织者，也是影响教学效果的重要变量之一。教师的主导作用是在与学生的交往中得以实现的。教师在教学过程中，除了要充分发挥自身的主导作用，更要注重自身素质的提高。一名合格的英语教师应该具备以下三个方面的基本素质。

（一）专业素养

教师的专业素养包括如下几个方面。

1.综合教学能力

综合教学能力是指英语教学所需要的除语言本身之外的教学能力，主要包括书写、唱歌、绘画、制作、表演等。大学英语教师应具备较强的综合教学能力，具体要求如下：能写，即字迹工整规范；能唱，即能够结合学生学习的进程编写、教唱学生喜爱的英文歌曲；会画，即会画简笔画，并能运用于教学中；会制作，即能够设计制作适用于教学的各种教具，包括幻灯片、录像等；善表演，即能够充分利用体态语，以丰富的表情、协调的动作表达意义或情感，做到有声有色。

2.系统的教学理论知识

系统的教学理论知识也是英语教师必须掌握的。所谓系统的教学理论知识，是指教师除了要具备教育学、心理学理论知识以外，还要掌握英语教学理论知识，主要包括现代语言知识、英语习得理论知识和英语教学法知识等。

3.较高的英语专业水平

大学英语教师必须具备较高的英语专业水平。教师不仅要具备系统的英语语音、语法知识，掌握较大的词汇量，还要具有良好的听、说、读、写能力。较高的英语专业水平是教师开展教学活动的基本保障。教师只有具备较高的语言水平，才能全面地掌握教材，才能向学生传授英语语言知识，培养学生的英语语言技能。

4.英语教学的组织能力

英语教学的组织能力主要指教师动员和组织学生集体进行学习的能力。这一能力主要表现在教师有效地掌握课堂、有效地动员学生积极参加教学活动等方面。

在有效掌握课堂方面，教师要做到以下几点：注意教材内容和自己的言语表达；注意学生理解和表达的正确性，包括语音、语法、词汇及思想表达等方面的内容；注意课堂上学生的情绪和纪律；注意掌握学生的注意力。

要想有效动员学生积极参与教学活动，教师需要具有一定的创造性。教师在课堂上需要进入一种创造性的境界，即思维活跃，能够自由运用知识技能，从而感染学生，使其愿意全身心地投入学习活动。教师要根据学生的语言水平来组织自己的语言表达，使用学生学习过的词汇和语法结构。

5.传授和培养英语知识技能的能力

（1）教师要善于讲解

讲解是所有学科教师必须具备的基本的工作能力。一名合格的大学英语教师要善于将复杂、枯燥的教学内容优化为通俗易懂又生动有趣的内容。大学英语教师不仅要充分了解学生的心理特点和英语水平，还要认真细致地做好备课，根据不同的内容选择适当的讲授方法。

（2）教师要善于示范

英语教学既要传授知识，又要培养技能。学生语言技能的训练包括发音、书写、朗读、说话，这些都需要教师示范，然后学生再进行模仿。教师要将示范和讲解结合，用示范配合讲解，或者用讲解来突出示范中的重点。示范是为了让学生模仿，因此还要与学生的实践相结合。

（3）教师要善于提问启发

向学生提问是英语教学的重要手段，教师要善于使用这一手段，如在讲授新知识之前通过提问检查与复习讲授的旧知识。使用提问教学手段时教师要注意两点：一是提出的问题要适合学生的实际水平；二是提问要注意调动全班学生的积极性。

（4）教师要善于引导学生进行练习

语言技能的培养需要大量的语言实践，如语音练习、语法练习、口语表达练习、听力培养练习、阅读练习、写作练习等。教师要熟悉各种练习形式的作用，并在英语课堂教学中引导学生进行各种练习活动，有效培养学生的语言技能。

（5）教师要善于纠正学生言语中的错误

学生学习英语是一个逐步进步的学习过程，在这一过程中学生难免会出现错误。有些错误是学生可以自行通过音频、视频改正的，有些错误则需要教师有策略、有技巧地进行纠正。在何时纠正、如何纠正，都反映着大学英语教师的教学实践素养。

6.较强的科研能力

以往的大学英语教学只要求教师具备一定的语言水平和教学水平，但是随着时代的发展，教育界对大学英语教师提出了新的要求：教师除了要具备一定的语言水平和教学水平外，还要具备较强的教育科研意识和科研能力。

一名优秀的大学英语教师不仅是教学的实践者，还应该是科研的参与者，是英语教学与学习规律的研究者。长期以来，我国的大学英语教学在很大程度上借鉴了西方国家的外语教学理论和教学方法。这在一定程度上促进了我国大学英语教学的发展。但是我国的英语教学具有自己独特的语言文化背景，我国的学生也具有独特的生理与心理特点，因此这些理论与方法并不一定适合我国的大学英语教学。为了提高我国大学英语教学效果，大学英语教师应充分考虑中国特色，结合我国的教学实践，通过融合与创新，努力探索具有中国特色的英语教学之路。大学英语教师应该结合自己的教学经验和教学实践，通过不断调查研究教学实践过程，分析总结经验，改进教学方法，并将其中成功的经验上升为新的理论，促进我国英语教学的发展。

（二）师德素养

师德是教师最重要的素养，也是教师从事教育教学活动的动力源泉。师德决定着教师对学生的热爱、对事业的忠诚、对教学执着的追求和对人格的塑造。师德还直接影响着学生的成长。因此，大学英语教师必须具有坚定的理想信念，科学的世界观、人生观、价值观，忠于教育事业，具有爱岗敬业的奉献精神，热爱学生，才能做到言传身教。

（三）人格素养

人格素养是教师素养的综合体现。“学高为师，身正为范”概括了教师的职业特征和专业特征，同时也概括了现代英语教师的人格素养。一名优秀的大学英语教师应具有高尚的道德品行，宽容、谦逊、好学的品质，正确的自我意识，良好的心理素质，幽默的语言表达，和谐的人际交往，端庄的仪表风度，崇高的审美素质，积极耐心的工作态度，以及丰富的知识经验等。这些方面并不是孤立的，而是相互联系、相互影响的。

二、学生

学生是英语课堂教学的主体和中心。每个学生都是独特的个体，他们之间存在着各种差异，这些差异尤其体现在语言潜能、认知风格、情感因素等方面，导致学生理解和掌握新知识的速度、程度不尽相同。在此，笔者将重点分析学生在这三个方面的差异。

（一）语言潜能差异

语言潜能是学生学习英语所需要的认知素质和能力倾向，是一种固定的天资。提升学生的英语素质就是培养学生的综合语言运用能力，而语言潜能正是就学生的认知素质来预测其学习英语的潜在能力。英语学习能力应包括以下几种：

第一，语音编码、解码能力，即关于输入处理的能力；

第二，归纳性语言学习能力，即有关语言材料的组织和操作能力；

第三，语法敏感性，即从语言材料中推断语言规则的能力；

第四，联想记忆能力，即关于新材料的吸收和同化能力。

不同学生的语言潜能存在着差异。在教学过程中，教师应了解学生的语言潜能进而因材施教，使之针对不同的学习任务在不同场合发挥各自的长处，以收到事半功倍的效果。

（二）认知风格差异

认知风格是指人在信息加工（包括接受、储存、转化、提取和使用）过程中，表现出来的认知组织和认知功能方面的风格，它既包括个体知觉、记忆、思维等认知过程方面的差异，也包括个体态度、动机等认知功能与认知能力方面的差异。不同的学生个体有不同的认知风格。不同的认知风格各有其优势和劣势，但这并不代表学生的学习成绩有差别。学生有各自偏爱的信息加工方式，在学习不同材料时也会各有所长。当学生的认知风格与教师的教学风格、学习环境中的其他因素相吻合时，其学习成绩会更好。因此，教师应了解并尊重学生不同的认知风格，针对不同的学习任务和学习环境因材施教，妥善引导，使自己的教学特点与学生的需要有机联系，进而取得良好的教学效果。

（三）情感因素差异

情感因素方面的差异主要涉及以下几个方面。

1.学习动机

学习动机是指激发个体进行学习活动，维持已发生的学习活动，并使个体行为朝向一定的学习目标的一种内在过程或内部心理状态；是直接推动学生进行英语学习的内部动力；是影响学生英语学习成绩的一个关键因素。学习动机来源于学习活动，也是学习活动得以发动、维持、完成的重要条件，并由此影响学生的学习效果。

2.性格

性格是指表现在人对现实的态度和相应的行为方式中的比较稳定的、具有核心意义的个性心理特征，是学生的重要情感因素，也是决定其英语学习成功与否的关键因素之一。人的性格大体可以分为外向型和内向型两种。外向型的学生喜欢交际，不怕出错，能积极参与英语学习活动，并在活动中寻求更多的学习机会；而内向型的学生在发展认知型学术语言能力上更占优势，善于利用沉静的性格从事阅读和写作。对教师来说，研究学生性格差异的最终目的是充分了解学生的个体差异和不同的心理状态，发挥不同性格学生的优势，因材施教，以获得更理想的教学效果。

3.态度

态度是指个体对待他人、事物的稳定的心理倾向或为达到某种目的而做出的一定努力，是影响英语学习的重要因素之一。态度包括三个方面：情感成分，即对某一个目标的好恶程度；认知成分，即对某一个目标的信念；意动成分，即对某一个目标的行动意向以及实际行动。一般来说，对目的语文化抱有好感，渴望了解其历史、文化和社会习俗的学生，容易获得良好的学习效果。反之，对目的语文化抱有轻蔑、厌恶甚至仇视态度的学生，则很难认真了解该文化并学好语言。此外，学生对学习材料、教学活动、教师等的态度，都会影响他们英语学习的效果。

对学生个体差异的分析是为了使教师能够根据学生的个体差异制订教学计划、选择适合的教学材料和方法，具有重要的实践意义。

三、教学内容

教学内容，是指在教学活动中为实现教学目标，师生共同作用的知识、技巧、技能、思想、观点、概念、事实、问题、行为习惯等的总和。教学内容是一种特殊的知识系统，既不同于语言知识本身，也不同于日常经历；既要考虑英语学科本身的知识体系，又要考虑学生的年龄特点和实际需求等。一般来说，大学英语的教学内容包括以下几个方面。

（一）语言知识

英语基础语言知识是英语综合运用能力的有机组成部分，是语言学习和语言运用的重要内容之一。没有扎实的语言知识，就不可能具有较强的语言能力。

（二）语言技能

听、说、读、写是学习和运用语言必备的四项语言基本技能，是形成综合语言运用能力的重要基础和手段。听是分辨和理解话语的能力；说是运用口语表达思想、输出信息的能力；读是辨认和理解书面语言的能力；写是运用书面语表达思想、输出信息的能力。学生通过大量听、说、读、写的专项和综合性语言实践活动，形成这四种技能的综合运用能力。

（三）情感态度

情感态度，是指兴趣、动机、自信、意志、合作精神等影响学生学习过程和学习效果的相关因素，还有在学习过程中逐渐形成的祖国意识和国际视野。在教学中，教师应不断激发并强化学生的学习兴趣，引导他们逐渐将兴趣转化为稳定的学习动机，锻炼学生克服困难的意志，使学生认识自身的优势与不足，乐于与他人合作，养成健康向上的品格。

（四）文化意识

在英语教学中，文化指所学语言国家的历史地理、风土人情、传统习俗、生活方式、文学艺术、行为规范、价值观念等。接触和了解英语国家的文化有利于学生理解和使用英语；加深对本国文化的理解与认识，有利于学生提高人文素养，培养世界意识。因此，教师在教学中要主动向学生渗透文化意识，根据学生的年龄特点和认知能力，传授文化知识，培养文化意识和世界意识。

（五）学习策略

学习策略是指学生为有效地学习和发展而采取的各种行动和步骤。英语学习策略包括认知策略、调控策略、交际策略和资源策略等。培养学习策略有助于学生有效学习英语，为终身学习奠定基础。有效的英语学习策略可以改进学生的英语学习方式，提升学习效果，还可以让学生学会如何学习，从而培养学生自主的终身学习能力。因此，教师要有意识地帮助学生找到适合自己的学习策略，对学习过程和效果进行监控与反思；要培养学生根据学习内容不断调整学习策略的能力；还要引导学生观察他人的学习策略，与他人交流学习体会，尝试不同的学习策略。

教材是教学内容的重要载体，是教师用来教学的材料，也是学生用来学习的材料。简单地说，教材是为教师的教和学生的学服务的，是课堂的必需要素。然而，教材是死的，学生是不断变化的，而且任何教材的编写都受编者水平和资料的限制，不可避免地会存在某些缺点和不足。如果教师一味地以完成教学任务为目的，忽略学生的反应，按部就班地使用教材，恐怕很难起到促进学习的作用。因此，在教学过程中，教师应灵活处理不同的教材，在课上或课下询问学生的感受，及时调整教学的方法和进度。

四、教学环境

任何教学活动都是在一定的教学环境中进行的，教学环境是教学活动的基本要素之一，是开展教学活动的依托。同样，英语教学也必须在现实的教学环境中进行，所以英语教育受制于环境这一因素。

英语教学环境是指英语教学赖以进行的实际条件，即能稳定教学结构、制约教学运作、促进个体发展的教育条件和环境因素。环境因素是制约和影响英语教学活动与效果的外部条件。教学环境主要由以下几个要素构成。

（一）学校环境

学校是语言学习的重要场所，学校的语言学习环境会对学生的英语学习产生直接影响。学校环境主要包括课堂教学、接触英语的频率、班级的大小、教学设施、教学资料、英语课外活动、英语教师、其他教职工对英语的态度及其英语水平、校风班风和师生人际关系等。

（二）社会环境

社会环境是影响和制约英语教学过程的重要因素，主要指社会制度、国家的教育方针、英语教育政策、经济发展状况、科学技术水平、人文精神、社会群体对英语学习的态度，以及社会对英语的需求程度等。社会环境因素是英语教学向前发展的动力，对英语教学具有重要的导向作用。

（三）个人环境

个人环境主要包括学生的家庭成员、同学、朋友的物质生活条件、文化水平、职业特点、对英语学习的态度、英语学习经验、英语水平、学习方式，周围人的关系及感情，学生的经济状况，拥有的英语学习设备等。个人环境也会对学生的英语学习产生一定程度的影响。

五、教学方法

语言教学教无定法，贵在有法。在英语教学历史上，有多种教学方法都曾经发挥过重要作用，有效地促进了英语教学的发展，如翻译法、直接法、自觉对比法、听说法、视听法、认知法、功能法等。但是实践证明，没有哪一种教学方法是最好的、最有效的，也没有哪一种方法适用于所有时期、所有地区、所有教学内容。如果一个教师在英语教学中，采用一成不变的教学方法，必然会使学生感到厌烦。而且，不同的教学方法对不同的语言知识、语言技能各有侧重，教师只有综合、灵活地运用各种教学方法，才能有效促进学生英语能力的提高，才有利于学生英语水平的全面发展。

在大学英语教学中，教师无论使用什么样的教学方法，都必须以学生的语言交际作为教学的出发点，尽量将教学与日常实际生活结合起来，鼓励学生有创造性地、有目的地运用已学语言材料，在新的生活场景中重新组织语句，表达自己的感情。同时，教师应力求教学过程交际化，从真实生活中选择交际内容，使教学内容适合学生的年龄，对处于不同阶段的学生采取不同的教学方法。

第三节　大学英语教学的基本原则

一、循序渐进原则

英语教学的循序渐进原则主要包括以下三层含义。

第一，语言的学习应从口语开始，然后逐渐过渡到书面语。英语包括两种形式：口语和书面语，且口语早于书面语出现。与书面语相比，口语词汇较为常用，句子结构简单，学习起来比较容易。学生通过口语的学习可以尽快地获得交际技能，满足日常交际的需要，这样就达到了学用结合的目的。

第二，就听、说、读、写等语言技能的培养而言，教师应该先侧重培养学生的听说能力，逐渐过渡到读写技能的培养上。听、说、读、写是英语的四项基本技能，应该全面发展，但是在不同的阶段，侧重点应有所不同。听说教学能使学生掌握基础的语言知识，包括语音、词汇、句子结构等，这为读写能力的培养奠定了基础。因此，在英语学习的初级阶段，教师应加强听说教学，然后再逐步向读写教学过渡。

第三，英语语言知识、语言技能以及语言综合运用能力的培养是一个循序渐进的过程。英语学习是一个螺旋式发展的过程，需要反复地循环，但这种循环并非单一的重复，每一次循环都要在难度和深度上有所提高。此外，循环往复要求教学要做到以旧带新，从已知到未知。因此，教师应以学生已有的语言知识和已熟悉的语言技能为出发点，传授新知识，培养新技能。

二、输入优先原则

英语教学要坚持输入优先原则。所谓输入和输出，是指学生通过听和读接触英语语言材料，通过说和写进行表达。语言输入的量越大、质量越好，语言输出的能力就越强。可见，输入是输出的基础。

有效的语言输入应具备三个特点：第一，可理解性，是指对所输入语言材料的理解；第二，趣味性和恰当性，是指学生对输入的语言材料要感兴趣；第三，足够的输入量。足够的输入量在英语教学中至关重要，但目前的英语教学对此点有所忽视。

大学英语教学坚持输入优先原则要注意以下几个方面。

首先，教师要注重输入内容和输入形式的多样化。输入形式包括声音、图像、文字等；输入内容要广泛、多样。例如，教师可以利用日常生活中每天都会接触的文具、衣服、道路标志、电器等帮助学生学习英语。

其次，教师可以通过多种手段，尽可能多地让学生接触英语，多给学生可理解的语言输入。教师应该打破课内外的界限，如利用贴近学生日常生活和学习、适合学生的英语水平、具有时代特色的读物，扩大学生的语言接触面，增加语言输入，以利于学生更好地学好英语。

再次，教师要考虑学生的理解能力，为学生提供的语言材料要切合学生的实际情况，具有可理解性与趣味性。向学生输入的材料要符合学生的现有水平，只要求学生理解，不必要求学生即刻输出。然而仅依靠语言的输入不可能使学生掌握英语并形成综合运用英语的能力，还需要适当的口头表达和写作训练来检验和促进语言的输入。

最后，教师要鼓励学生进行模仿。模仿最好是模拟生活中的真实情景，注意语言结构所表达的内容。例如，在结对练习、小组练习的时候，让学生根据实际情况使用所学语言，把声音和语言的意义结合起来。模仿是在优先输入语言的基础上，对语言进行的有效练习和输出实践。

三、兴趣性原则

在大学英语教学中，教师应意识到兴趣的巨大作用，尽可能调动学生的内在动机，激发学生对英语学习的主观愿望，以获得更好的教学效果和学习效果。在英语教学中，教师可从以下几个方面入手，调动学生的学习兴趣。

第一，尊重学生的主体性，充分了解学生的特点。教师必须清楚地认识到学生是英语课堂的主体。学生只有积极体验、参与、实践，主动地尝试与创造，才能获得认知和语言能力的发展，教学活动也才能达到预期的效果。教师要根据学生的心理和生理特点，遵循语言学习规律，采用多种教学方式，让学生通过体验和实践进行学习，从而形成语感，提高交流能力。

第二，改变强调死记硬背、机械操练的教学方式以及传统的英语测试方式。英语学习需要一定的死记硬背和机械操练的活动，但是如果机械性操练太多，则很容易使学生降低甚至失去学习英语的兴趣。因此，教师应该以学生感兴趣的方式帮助学生获取知识，使他们在获得交际能力的同时，综合素质也得到相应提高。

第三，对教材进行深度挖掘。教师在备课过程中，应认真地研究教材，挖掘教材中学生感兴趣的内容与话题，使每节课都有让学生感兴趣的内容和活动，以最大限度地调动学生的积极性。

四、系统性原则

大学英语教学遵循系统性原则的目的是使学生对所学内容有比较系统、完整的概念，在各部分知识之间和新旧知识之间建立有机的联系，在消化所学内容时思路清晰而有层次。具体来说，系统性原则主要涉及以下几点。

（一）系统安排教学工作

系统安排教学工作要做到以下几点。

第一，教师要有计划地备课。例如，一篇课文要上八课时，在备课时要一起备完，不能今天上两节课就备两节课的内容，要一次备好。

第二，教师的讲解要逐步深入、条理分明、前后连贯、新旧联系、突出重点，一环套一环，一课套一课，形成一个有机而系统的体系。

第三，教学的步骤和培养技能的方法应该符合语言的掌握过程，根据课程的最终教学目的，由易到难，逐步提高要求。

第四，练习布置要具有计划性，先进行训练性练习，然后再进行检查性练习。此外，练习的形式要具有体系性，相同的练习形式也要有不同的要求。

第五，家庭作业和讲课的重点应当密切结合。教师布置作业时要有明确的目的，课内、课外要通盘考虑。

第六，要经常检查学生掌握知识和技能的情况，每堂课要有一定的提问并作相应的记录，这可以对学生的学习起到督促作用。教师不能仅凭印象评定学生的平时成绩，要记录学生口头、笔头作业的完成情况。

（二）系统安排教学内容

英语教学内容的安排要有严密的计划和顺序。教师应该按教科书的安排特点和班级的情况合理组织讲课的内容，确定讲课的重点。当出现一个生词时，不要急于一次性把这个生词的所有意义、用法全部教给学生；当教授一条新的语法规则时，不要一次性向学生交代有关这条规则的全部知识，要将知识分步教给学生，这样才能由浅入深、由易到难、由分散到系统。

（三）系统安排学生学习

教师要指导学生进行连贯的学习。教师在教育学生时要有恒心，及时带领学生进行复习巩固。此外，教师还要指导学生正确处理平时和期末的关系，必须向学生明确：学习重点要放在平时，坚决反对平时学习不努力，期末考试临时抱佛脚的做法。此外，教师还要经常关心和指导学生的学习方法，并针对学生的个人特点因材施教。

五、真实性原则

在英语教学中，坚持真实性原则就是在教学各个环节上做到真实，以培养学生综合语言运用能力为总目标，以交际法和任务型教学为策略，使学生在真实环境中获得真实语言能力。语用真实是真实性原则的重要内涵。

在大学英语教学中，教师要实现语用真实，应做到以下几个方面。

（一）把握真实语言运用的目的

英语教学的最终目的是培养学生的综合语言运用能力，这种能力实际上就是一种语用能力。这里的语用目的是指教学内容体现在语用能力方面的教学目的，主要表现在以下三个方面：①语句的语用功能目的；②对话语篇的语用功能目的；③短文语篇的语用功能目的。

（二）采用语用真实的教学内容

在教学开始之前，教师应从语用的角度对课文进行详细全面的分析，研究语句使用的真实语境，准确把握课文中所有语句的真实语用内涵，选用语用真实的例句与练习。

（三）设计组织语用真实的教学活动

对学生语用能力的培养应贯穿整个英语教学过程，因此教师应基于语用真实的指导思想来设计教学活动，将语用能力的培养与呈现、讲解、例释、训练、巩固等课堂教学活动紧密结合起来。

（四）设计语用真实的教学检测评估方案

教学检测评估对教与学都具有重要的反拨作用。教师应设计语用真实的教学检测评估方案，找出学生语用能力存在的不足之处，从而对教学进行有针对性的调整与改进。此外，语用真实会引导学生在学习中更加自觉地把握学习内容的真实语用内涵，强化学生运用英语的自我意识。

六、课内外活动相结合原则

课内活动一般是非自愿的，也是无法自由选择的。课内活动必须按照规定的教学大纲有序进行，一般具有统一的课程和课时，这样可以保证全班同学在相同的教育过程中保持相同的步调，既有利于培养学生个性的共同点，又有利于学生系统地习得语言知识。而课外活动则基本上是以学生的兴趣为主，遵循学生的自愿性进行。课外活动是学生独立进行和完成的教学活动，教师只是在学生有需要的情况下提供适当的帮助，因此课外活动更能发挥学生的主动性和独立性，更能培养学生自主学习的能力。相对而言，课堂教学活动则具有一定的局限性。尽管一直提倡课堂教学要以学生为中心，但实践起来并非易事，往往会遇到各种各样的实际困难。因此，在大学英语教学应遵循课内活动与课外活动相结合的原则。

七、合理使用母语原则

在大学英语教学中，教师应当提倡学生多说英语、多用英语，但这并不意味着不能使用母语。在英语课堂上，教师可以合理使用母语，利用母语优势帮助学生理解学习过程中的难点。合理使用母语原则，包括在英语教学中利用母语的优势和避免母语的干扰两个方面。

（一）利用母语的优势

教师在英语教学中要学会利用母语的优势，借助汉语对一些词义抽象的单词和复杂的句子加以解释。英汉两种语言在结构和使用方面存在许多差异，这些语言差异往往会造成学生学习英语的障碍。因此，利用母语解释可以帮助学生更快、更好地学习和掌握英语的某些概念。适当地使用母语进行教学，有助于师生之间的顺利沟通，使学生理解母语和英语之间的差异，了解英语结构和规则的特点，从而提高学习效果。

（二）避免母语的干扰

英语的学习是个相当复杂的过程，母语的使用习惯可能会给英语学习带来障碍。在学习英语的过程中适当使用母语，用母语简单讲授英、汉两种语言在某一结构、某一用法上的差异和特点是可以的，但对母语优势的利用一定要掌握一个“度”，避免将母语的使用规则迁移到英语的使用上。如果过多地或一味地使用母语，会在很大程度上给英语的学习带来不利。

第二章　大学英语教学模式改革

第一节　教学模式概述

一、教学模式的定义

“模式”一词是英文 model 的汉译名词。在《牛津高阶英汉双解词典》中把 model 一词定义为“a simple description of a system,used for explaining how something works or calculating what might happen,etc”，意思为“（用于示范运作方法等的）模型”。model 还可以译为范式、典型、原型等。“模式”一般指被研究对象在理论上的逻辑框架，是经验与理论之间的一种可操作性的知识系统，是再现现实的一种理论性的简化结构。1972 年，美国教育家布鲁斯·乔伊斯和玛莎·韦尔等人在其著作《教学模式》一书中，最先将“模式”一词引入教学领域，并加以系统研究。他们认为教学模式是构成课程、选择教材、指导教学活动的一种计划或范型。将“模式”一词引入教学理论的目的是在一定的教学思想或教学理论指导下，建立各种类型教学活动的基本结构或框架，从而形成指导整个教学过程的一系列程序和一整套策略体系，使教学活动科学有序地进行。

1990 年，美国学者玛丽·艾丽斯·冈特、简·施瓦布等人在其著作《教学：一种模式观》中提出，教学模式就是导向特定学习结果的一步步的程序，认为教学就是构造学习环境，对能力、兴趣、需要各不相同的学生的学习进行有效组织和引导的过程。教学模式为组织教学环境提供一定的结构、程序和步骤。由于教学目标、学生需求、教学环境的不同，教师必须掌握一系列适用于不同目标、内容和对象的教学模式，并在实际教学中恰当地选择和运用，才能达到满意的教学效果。

20 世纪 80 年代以来，我国教育界对教学模式的研究日趋重视，并取得了不少有益的研究成果。目前，国内对教学模式的定义有很多种，不同的定义之间有区别也有联系。有学者认为，教学模式也就是俗称的教学“大方法”，这种大方法不仅是一种教学手段，而且是教学原理、教学内容、教学目标和任务、教学过程、教学组织形式的整体、系统的操作样式，这种操作样式是可以加以理论化的。也有学者认为，教学模式是在一定的教育理念支配下，对教育实践中逐步形成的、相对稳定的、较系统而具有典型意义的教育体验加以一定的抽象化、结构化的把握所形成的特殊理论模式。

何克抗教授则认为，教学模式是指在一定的教育思想、教学理论和学习理论指导下，在一定环境中展开的教学活动进程的稳定结构形式，是教学系统中各组成要素（教师、学生、教材和教学媒体等）相互联系、相互作用的具体体现。简单地说，教学模式就是指按照一定的教育思想、教学理论来组织教学活动进程。所以教学模式是很重要的，它是教育思想、教学理论的集中体现。

上述这些定义从不同角度揭示了教学模式的基本含义。教学模式具备以下基本特点：①有一定的理论指导；②需要完成规定的教学目标和内容；③表现一定的教学活动序列及其方法策略。一个完整的教学模式的实现过程，应该包含有关教学的理论依据、目标、条件（或手段）、程序和评价五个要素。这些要素在教学活动中占有不同的地位，起着不同的作用，具有不同的功能，它们之间既相互区别，又彼此联系，相互蕴含、相互制约，共同构成一个完整的教学模式。

概括而言，教学模式是在一定的教学思想或教学理论的指导下建立起来的较为稳定的教学活动结构框架和活动程序。作为结构框架，教学模式从宏观上把握教学活动整体及各要素之间的内部关系和功能；作为活动程序，教学模式体现了有序性和可操作性。模式是再现现实的一种理论性的简化形式。教学模式是通过对教学系统运行过程的分析，运用系统方法总结出的理论简化形式，主要包含三个要点：其一，教学模式是对教学系统运行过程的再现；其二，它是理论性的，代表着教学系统运行过程的理论内容；其三，它是简化的形式，是对教学系统运行过程理论的精心简化。

从我国的现实情况看，20 世纪 90 年代以前的教学模式基本上都以教师为中心。何克抗教授指出，这种教学模式的优点是有利于教师主导作用的发挥，有利于教师对课堂教学的组织、管理和监控。但是，它最大的缺陷就是忽视学生积极性和主动性的发挥，不能体现学生在学习过程中的主体地位，因而难以培养出富有创造性的创新型人才。为此，应该改革以教师为中心的教学模式，创建新型的、既能发挥教师主导作用又能体现学生主体作用的“主导—主体相结合”的教学模式，以便激发学生的主动性、积极性和创造性，从而实现培养创新型人才的教育目标。教学模式的改变将引起教学过程的根本改变，也必将导致教育思想、教学观念、教学理论的深刻变革。所以，教学模式的改革比教学手段、教学方法的改革意义更重大。

二、教学模式的构成要素

20 世纪 50 年代，系统方法在美国军事、工业、商业等领域得到广泛应用。在这些成功应用实例的推动下，系统方法也受到了教育界的广泛关注。从 20 世纪 60 年代开始，许多教育工作者致力于将系统方法应用于教学实践的研究中，逐步形成了教学系统方法。在教学系统设计方法体系中，研究者把教学整体看作一个系统，利用系统方法研究、设计和实施教学活动。具体而言，教学系统包括学生、教师、教学内容、教学媒体、教学环境五个要素，以及三个具体的过程，即学习过程、教学过程、评价和反思过程。在教学系统中，学生、教师、教学内容、教学媒体、教学环境是客观的内容，被看作静态的要素；而学习过程、教学过程、评价和反思过程则是静态要素运动的过程，三种过程交织在一起，相互影响、相互作用，共同实现教学目标。

教学系统发展表现为教学系统运行模式的发展。因为教学系统是客观存在的，因此其运动表现出特定的规律性。为了深入研究教学系统的运行规律，研究者用教学模式来概括教学系统运行过程。因此，教学模式是从丰富的教学实践中概括和归纳出来的，具有理论抽象性的教学系统运行规律。教学模式有的是直接从丰富的教学实践经验中概括和归纳出来的，也有的是在一定理论指导下先提出一种假设，经过多次实验而后形成的，所以教学模式既是理论系统的具体化，又是教学经验的一种系统概括。

教学模式是在具体教学思想指导下的教学要素运动的程序和方法，通常包括以下五个要素。这五个要素是教学模式的核心元素。

（一）理论依据

教学模式是一定的教学理论或教学思想的反映，是在一定理论指导下的教学行为规范。不同的教育观往往提出不同的教学模式。比如，概念获得模式和先行组织模式的理论依据是认知心理学的学习理论，而情景陶冶模式的理论依据则是人的有意识心理活动与无意识心理活动、理智与情感活动在认知中的统一。

（二）教学目标

任何教学模式都指向一定的教学目标。在教学模式的结构中，教学目标处于核心地位，并对构成教学模式的其他因素具有制约作用，决定着教学模式的操作程序和师生在教学活动中的组合关系，也是教学评价的标准和尺度。教学模式与教学目标极强的内在统一性，决定了不同教学模式的个性。

（三）操作程序

每一种教学模式都有其特定的逻辑步骤和操作程序，它规定了在教学活动中师生先做什么，后做什么，各步骤应当完成哪些任务。

（四）实现条件

实现条件是指能使教学模式发挥效力的各种条件因素，如教师、学生、教学内容、教学手段、教学环境、教学时间等。

（五）教学评价

教学评价是指各种教学模式所特有的完成教学任务、实现教学目标的评价方法和标准等。不同教学模式所要完成的教学任务和实现的教学目标不同，使用的程序和条件不同，因此评价的方法和标准也有所不同。目前，除了一些比较成熟的教学模式已经形成了成熟完善的评价方法和标准外，有不少教学模式还需要不断健全、完善现有的评价方法和标准。

三、教学模式的主要特点

教学模式是在一定教学思想或教学理论指导下建立起来的较为稳定的教学结构框架和活动程序，它具有以下几个主要特点。

（一）指向性

任何一种教学模式都是围绕着一定的教学目标设计的，而且每种教学模式的有效运用都需要一定的条件，因此不存在对任何教学过程都适用的普适性的模式，也谈不上哪一种教学模式是最好的。评价最好教学模式的标准是在一定的情况下达到特定教学目标的最有效的教学模式。在教学过程中，教师选择教学模式时必须注意不同教学模式的特点和性能，注意教学模式的指向性。

（二）操作性

教学模式是一种具体化、操作化的教学思想或理论，它把某种教学理论或活动方式的核心部分用简化的形式反映出来，为人们提供了一个使抽象理论具体化的教学行为框架，用以指导教师的教学行为，使教师的教学有章可循，便于教师理解、把握和运用。

（三）完整性

教学模式是教学现实和教学理论构想的统一，所以它有一套完整的结构和一系列的运行要求，体现着理论上的系统统一和过程上的有始有终。

（四）稳定性

教学模式是大量教学实践活动的理论概括，在一定程度上揭示了教学活动共有的普遍性规律。一般情况下，教学模式并不涉及具体的学科内容，所提供的程序对教学起着普遍的参考作用，具有一定的稳定性。但是教学模式是依据一定的理论或教学思想提出来的，而一定的教学理论和教学思想又是一定社会的产物，因此教学模式总是与一定历史时期的社会政治、经济、科学、文化、教育的水平相联系，受到教育方针和教育目的制约。因此，这种稳定性又是相对的。

（五）灵活性

作为并非针对特定的教学内容，体现某种理论或思想，又要在具体的教学过程中进行操作的教学模式，在运用的过程中必须考虑到学科的特点、教学的内容、现有的教学条件和师生的具体情况，进行细微的方法上的调整，以体现教学模式对学科特点的主动适应性和灵活性。

四、教学模式的选择

随着对教学模式研究的深入，现在可以总结出来的教学模式数目和种类有很多。这些教学模式各有特点，也各有优缺点。面对纷杂的教学模式，教师该如何选择合适的教学模式并运用于教学中，是非常重要的问题。事实上，教学模式的选择是有方法可循。上文中已经提到，教学系统通常包括学生、教师、教学内容、教学媒体、教学环境五个要素，以及三个具体的过程，即学习过程、教学过程、评价和反思过程。在选择教学模式的过程中，教师要充分考虑这些因素的影响和作用。

（一）教师因素与教学模式的选择

教师在教学过程中起着主导作用，这是由教学的本质决定的。教学活动区别于其他活动的重要特点之一，就是学生的学习和认知是在教师的指导下进行的。在教学系统中，教师的主导作用主要表现在以下几个方面：第一，根据社会发展的需要和教学目标的需要选择合理的教学内容；第二，根据学生的个体特征、教学目标、教学内容选择教学组织的方式和教学策略；第三，根据学生的特点和要求，结合教学的具体内容，引导学生选择恰当的学习方式。可以看出，教师决定着教学系统中各要素结合的方式和程度，也决定着教学组织的程序和方法。换句话说，在教学过程中，教师决定着教学模式的选择。

（二）学生因素与教学模式的选择

学生和教师是教学系统的两个核心要素，教学活动是师生互动的过程。片面地以教师为中心或以学生为中心，是极端的教育观点。前者过分强调教师在教学活动中的权威性和主导作用，而忽视了学生在学习过程中的主观能动性；后者过分强调学生在学习过程中的主体作用，而忽视了教师的引导和支撑作用。事实上，教师和学生是教学系统中两个相互依存的要素，学生在教学过程中的地位是与教师相对而言的。因此，片面强调一方均可能导致教学系统的失衡。教师把学生放在怎样的位置，如何看待学生在教学中的地位和角色，将会影响到教学模式的选择。

（三）教学内容与教学模式的选择

在教学中，教学内容一般具体表现为教学大纲、教材所呈现的内容。教学的主要目的是改变学生的知识和态度，而教学内容是促成这些改变的重要因素。因此，教学内容是教学系统必不可少的要素。如何把教学内容内化到学生的认知结构中并促成学生自身的发展，是教学系统运行的根本目的和要求。教师在选择教学模式时一定要把教学内容的因素考虑进来。所选择的教学模式应该能够促进教学内容的呈现，有利于学生的学习和吸收。

（四）教学媒体与教学模式的选择

教学媒体是指以采集、传递、存储、加工教学信息为最终目的的工具和载体。由于现代教学媒体和技术的影响，教师和教科书不再是学生唯一的知识来源，这也使得师生关系发生了明显的改变。在多媒体和互联网等现代技术的支持下，学生不再仅仅依赖于课堂教学，而是可以更多地开展自主性学习。在教师的指导和帮助下，学生通过班级授课、小组讨论等不同形式，利用多种现代教学媒体和多样化的学习方式进行学习。在现代教学系统中，教学媒体是开展教学的重要条件。教学媒体的发展变化有效地促进了教学系统的发展和进步，同时也极大地丰富了教学模式。

（五）教学环境与教学模式的选择

教学环境通常包括物质环境和社会环境两个方面。物质环境主要是指教学中的自然条件（如照明）、教学设施（包括桌椅、黑板、多媒体等）、空间布置（如桌椅的摆放方式）等；社会环境主要是指课堂秩序、课堂气氛、师生关系、同学关系等。在教学系统运行中，教学环境处于基础地位，是教学活动展开的物质基础，将会影响学生的学习过程、教师的教学方法和教学组织的形式。例如，当教学环境中具备互联网设施，教师在教学中才有可能选择基于网络的教学模式。

教学模式是对教学实践进行指导而设计的框架结构，在教学活动开展之前选择相应的教学模式具有十分重要的意义。教师在选择特定的教学模式时，要注意以下几个问题。

首先，应该根据教学对象的特点选择教学模式。对于年龄较小、认知水平有限的小学生而言，其自主能力偏弱，教学活动的设计要侧重发挥教师的指导作用和推动作用；对于高年级的中学生、大学生和成年学生而言，在教学设计中应该突出自主学习能力的培养。其次，应该根据学习目标的性质选择教学模式。对于不同类型的学习要采用不同的学习方法，实现有意义的教学。最后，对教学活动的设计应该灵活多样、重点突出，切忌生搬硬套某种已有的教学模式。教师应该意识到，每一次的教学活动都是不同的，教学模式也不是僵化、一成不变的程序，教师需要结合不断变化的多种教学因素，灵活地选用适合教学需要的教学模式。

五、教学模式的发展趋势

（一）从单一化向多样化教学模式发展

教育学家约翰·弗里德里希·赫尔巴特提出了“四段论”教学模式，后经过其学生的实践和发展逐渐形成了以教师为中心的传统教学模式，这一模式成为20世纪教学模式的主导。之后，约翰·杜威提出了实用主义教学模式。20世纪50年代，有关教学模式的研究一直在“传统”与“反传统”之间来回摆动。20世纪50年代以后，由于新的教学思想层出不穷，再加上新的科学技术革命使教学产生了很大的变化，教学模式出现了“百花齐放、百家争鸣”的繁荣局面。

（二）由归纳型向演绎型教学模式发展

归纳型教学模式重视从经验中进行总结和归纳。它的起点是经验，形成思维的过程是归纳。演绎型教学模式指的是从一种科学理论假设出发，推演出一种教学模式，然后用严密的实验来验证其效用。它的起点是理论假设，形成思维的过程是演绎。归纳型教学模式来自教学实践的，不免有些不确定性，有些地方还不能自圆其说。而演绎型教学模式有一定的理论基础，形成了较为完备的体系，更加强调教学模式的科学理论基础。演绎型教学模式为教师自觉地运用科学理论，主动设计和建构特定的教学模式以达到预期的教学目的提供了可能。目前，演绎法成为教学模式生成的重要途径。

（三）由以“教”为主向以“学”为主的教学模式发展

传统教学模式都是从教师如何教这个角度来进行阐述的，忽视了学生如何学的问题。“反传统”教学模式，使人们认识到学生应当是学习的主体，由此开始了以“学”为主的教学模式的研究。随着建构主义等以学生为中心的教学理论的发展，师生在教学过程中的地位和作用发生了深刻的变化。现代教学模式的发展趋势是重视教学活动中学生的主体性，重视学生对教学的参与，教师要根据教学的需要合理设计“教”与“学”的活动，鼓励和帮助学生实现自主性的、探索性的、创造性的学习。

（四）教学模式的技术手段日益现代化

当代教学模式研究越来越重视引进现代科学技术的新理论和新成果。新的教学模式注重将计算机、多媒体和网络等信息技术运用到教学中，有效地将信息技术与课程进行整合，使教学条件的科学含量越来越高，充分利用现有的教学条件对教学模式进行全新的设计。

六、现代型教学模式

（一）现代型教学的特点

现代型教学具有时代的开放性，以现代信息技术为依托，将教学、科研有机结合，以教研促科研，以科研带教研。与传统型教学相比，现代型教学具有如下特点。

1.教学观念的创新性和前瞻性

在教学思想方面，现代型教学比较注重知识的专题性、前沿性、开拓性，以及对现状的把握和前瞻。现代型教学以现代信息技术为依托，以实践教学为重点，以社会需求和培养应用型人才为目标，以创新为目的。

2.教学内容的互补性和实用性

现代型教学将系统教学与专题研究、理论教学与实验教学、研究与应用紧密结合。教学内容的选取以社会需求为目标，以技术应用能力的培养为主线，突出实用性，重在培养学生独立发现问题、解决问题的思维和实际操作能力。

3.教学方法的直观性和科学性

现代型教学不仅利用传统的挂图、模型、投影仪等教具，还充分利用网络、多媒体，综合了计算机、图像处理、电子技术、影视艺术、音乐美术、教育学、心理学等诸多技术与学科，集文字、图形、图像、声音、视频、影像、动画等各种信息于一体，使抽象、深奥的知识简单化、直观化，缩短了客观事物与学生之间的距离，充分调动学生的视觉、听觉能力，集中学生的注意力，提高学生掌握知识的能力。

4.教学模式的职业定向性

现代型教学以社会需求为目标组织教学，培养学生的职业能力，因此现代型教学具有明确的职业定向性。

5.教学能力的知识性

现代型教学将基础教学与应用教学、传授知识与研究新课题结合起来，立足于学科的前沿，培养适应时代的创新人才。

现代型教学要求教师不断更新知识，力求在教学中做到新、博、独、深、精。“新”，即用新观念、新思想、新方法，讲授新内容，使学生有耳目一新之感；“博”，即知识渊博，讲授的内容广博，信息量大，使学生广学博收；“独”，即用独特的方法，讲授独到的见解，培养学生独立思考、独立研究的能力；“深”，即深入讲授、深入探索、深入研究，有意识地培养学生探索和研究问题的意识以及信息调研的能力；“精”，即精心准备、精心实施、精讲多练，使学生易学、易记、易用。

每一位从事高校教育的教师，都必须以提高学生的实际应用能力为目标，认清从传统型教学向现代型教学发展的必然性，从教学观念、教学内容、教学方法、教学模式和教学能力等方面深入探究现代型教学及其特点。

（二）教学方法的转变

1.由传统方式向互动式转变

传统教学把重点放在“什么是什么”的事实类知识的传授上，学生处于被动地位，依赖于教师的讲授，缺乏对知识结构的深入探讨。互动式教学是以动态问题为主，启发学生主动思考、积极参与，发挥教师的主导作用，并将教师的主导思想转化为学生自主的学习行动，从而获得较好的教学效果。

2.由封闭式向开放式转变

现代型教学以现代高科技信息技术为依托，将以学校为主体的传统封闭式教学转变为开放式教学，通过校园内外的网络开通多媒体教学、空中课堂、网上教学，使学生及时获得新的知识。信息高速公路的实现必将成为最理想的开放式教学手段。

3.由理论教学向实践教学转变

传统教学侧重课堂教学，并强调理论的系统性和完整性。现代型教学侧重实践课教学，使学生拥有充分的时间进行实训，在实践中掌握理论知识，提高实践能力。

（三）教师知识的更新

要奠定坚实的现代型教学的基础，教师知识的更新是关键。教师不能只满足于现有的知识水平，要树立继续学习、终身学习的思想，不断学习，更新知识结构，使自己处于学科的前沿。教师必须承担一些具有创新性的研究课题，通过对课题的研究和探索，加深自己的专业知识，力争成为本学科的学术骨干。教师还应当深入生产实践，走产、学、研相结合的道路，在生产实践中获得足够的经验，力争成为“双师型”教师。

第二节　新形势下大学英语教学改革的走向

随着社会经济的发展和科学技术的进步，人类进入了信息社会的发展阶段。信息社会的来临，对教育教学提出了新的人才培养目标和挑战，同时也为教育的发展提供了新的机遇和有利条件。近年来随着计算机、多媒体和互联网教育应用的飞速发展，高等教育的内容和形式发生了重大变革，大学英语教学的内容和模式也随之发生了很大的改变。为了适应新形势下人才培养的需要，我国高等院校纷纷对大学英语教学进行了新一轮的改革，这一时期的改革呈现出新的趋势和走向。

一、重视新型的大学英语教学模式的确立

为了适应国家和社会发展的需要，《国家中长期教育改革和发展规划纲要（2010-2020 年）》提出要创新人才培养模式，创新教育教学方法，倡导启发式、探究式、讨论式、参与式教学，激发学生好奇心，发挥学生主动精神，鼓励学生进行创造性思维，改变单纯灌输式的教育方法。因此，大学英语教学应采用新的教学模式。

新的教学模式应以现代信息技术，特别是网络技术为支撑，使英语的教与学可以在一定程度上不受时间和地点的限制，朝着个性化和自主学习的方向发展，改进以教师讲授为主的单一教学模式。这种新的教学模式应遵循英语教学的实用性、知识性和

趣味性原则，调动教师和学生的积极性，体现学生在教学过程中的主体地位和教师在教学过程中的主导作用。新的教学模式在充分利用现代信息技术的同时，要合理继承传统教学模式中的优秀部分，发挥传统课堂教学的优势。

随着计算机、多媒体和互联网的普及，人们可获得的教学资源愈来愈丰富，现代信息技术应用在教育教学领域的重要性日益为人们所认识。信息技术与课程整合是改变传统教学模式、实施创新人才培养的一条有效途径，也是目前国际上基础教育改革的趋势与潮流。

二、重视大学英语教材体系的研究和开发

教材是实现英语课程教学目标的重要材料和手段。教材为学生提供的语言材料是学生学习语言知识、发展语言技能的重要来源；教材中的语言实践活动和练习是学生学习语言知识、发展语言技能的重要过程和途径。选择和使用合适的教材是完成教学内容、实现教学目标的前提条件。

目前，随着大学英语教学改革的深入和推进，大学英语教材体系也发生了翻天覆地的变化。英语教材在内容和形式上更新颖、更先进，而丰富多样的英语教材在推动大学英语课程改革方面发挥了重要作用。与此同时，英语教育界的学者和一线教师对教材的认识也发生了显著的变化。

大学英语教学改革使得教材格局逐步向开放和自由的方向发展，教师和学校在教材的编写、选择、使用等方面拥有更多的自主权。新的教材制度和格局对广大英语教师和英语教学研究者来说既是机遇又是挑战。为了把握机遇，应对挑战，各大高校应该积极开展有关英语教材编写、评价、选择、使用等方面的理论和实践研究，挖掘自身潜力，为将来能够在英语教材的编写、选择、使用的过程中发挥应有的作用而创造条件。

三、重视大学英语测试与评价体系的改革和完善

随着大学英语教学改革的不断深入，很多高校认识到大学英语测试与评价体系的改革势在必行。大学英语测试与评价体系的改革问题，对大学英语教学改革具有重要

影响。

从大学英语教学全过程看，健全和完善的大学英语测试与评价体系应该包括起始性评价、形成性评价和终结性评价。但是，传统的大学英语教学往往更关注终结性评价所传递的信息，但这种信息不能全面而客观地反映教学中存在的问题。目前，很多高校已经意识到终结性评价的不完整性，如忽视学生的学习过程以及他们日常的学习行为表现。终结性评价是以考试成绩作为最终评价标准，这无疑在某种程度上强化了分数的作用，使得相当一部分学生学习英语的动机和目的就是通过考试。这种工具型学习动机，显然不易激发学生学习英语的积极性和持久性。同时，这种评价体制也极大地遏制了英语教师对语言教学内容、方式进行改革和探索的积极性、能动性、创造性。很多高校由此认识到，除非改变大学英语测试与评价体系，否则就不可能从根本上改变教学的方法与过程。为了适应大学英语教学改革的需要，不少高校专门成立了测试团队，负责本校的大学英语测试与评价体系的改革工作。改革的重点是健全和完善已有的大学英语测试与评价体系，规范已有的终结性评价（主要是基于课程的学业或成绩考试），逐步加大形成性评价在整个教学评价体系中的比重，使形成性评价和终结性评价有机地结合起来。

四、重视大学英语师资队伍的建设

教师是教育教学改革的重要媒介，是改革成败的关键因素。优秀的英语教师是培养优质英语人才的根本条件。有了好的教师，课程可以改革，教材可以更新，教法可以调整，学生可以快速进步。没有合格的教师，先进的教学理念也会在执行中走形，精品教材也会成为应试的工具，学生的学习兴趣和动力也无法保持，最终成为应试教育的牺牲品。教师在教学中的重要作用是由教学的本质决定的。

在大学英语教学改革的过程中，全国各大高校日益重视大学英语师资队伍的建设问题。各高校不仅关注教师的教学能力和教学技能，而且重视教师的专业功底、研究能力和团队合作精神，以组建一支高效的教学与科研能力俱佳的师资队伍。在教师管理方面，各高校更加重视教师教学与科研条件的保障工作和目标验收，注重教师培训和学术交流，不断扩大教师的学术视野，了解学科发展前沿。此外，各高校还积极鼓励教师申请研究课题，加入由科研骨干牵头的、高水平的研究团队。

第三章　信息化背景下大学英语教学模式与学习方式

第一节　信息化背景下大学英语教学模式的创新

信息化背景下，基于网络多媒体的大学英语教学有了传统教学不可比拟的面貌。传统教学的时空局限性已经被打破，教学呈现出新的形式。教师不再将教学内容生硬地灌输给学生，而是图文并茂地展现于学生面前。因此，本节就对大学英语教学模式的新发展进行探讨，主要介绍翻转课堂模式、微课模式、慕课模式。

一、翻转课堂模式

随着人们对教学研究的不断深入，翻转课堂逐渐被人们了解和熟知。

（一）翻转课堂的定义

翻转课堂又可以称为“颠倒课堂”，其教学过程包含两大阶段：一是知识传授，二是知识内化。在传统教学模式中，教师往往会通过课堂传授的形式将知识传输给学生，学生通过课后作业和具体的实践来实现知识的内化。在翻转课堂教学模式中，教师根据自己的教学计划在课前布置预习内容，学生则主动利用各种开放资源来获取知识，在课堂上与教师探讨，最后内化为自己的知识。

所谓翻转课堂，是指在课前学生利用教师给出的视频、音频、开放网络资源、电子教材等学习材料，自主完成课程内容，然后在课堂上主动参与教师设计的互动活动，最终完成学习任务。

近些年，翻转课堂模式在国内产生了巨大影响。作为一种基于网络多媒体的新型教学模式，翻转课堂模式是对传统教学流程的颠覆，有利于学生开展自主学习。作为一种新型的授课方式，翻转课堂对我国英语教学改革大有裨益。但是，翻转课堂不属于在线课程，也不能用视频代替教师，它只是师生之间进行互动的方式，为学生的自主学习提供充分的空间和时间，从而使学生获得个性化的发展。

在传统教学模式中，知识习得需要经历知识讲授、知识内化、知识外化三个步骤。通过课堂，教师完成知识的讲授，而学生在课后任务和作业中完成知识的内化。但是，在当前云教育、云学习的技术条件下，教师可以通过云课程来展开教学，并在学生遇到困难时，对其进行排解和启发，这既保证了师生之间的平等交流，也进一步深化了学生对知识的理解。简单来说，从先教授后学习转向先学习后教授，这就是所谓的课堂翻转。

（二）翻转课堂的构成

很多学者对翻转课堂模式进行了研究，将其构成要素分为三个层面，即课前内容传达、课堂活动组织、课后效果评价。下面对这三个层面进行分析。

1.课前内容传达

在翻转课堂模式中，其教学的基础在于课前内容的有效传达。就目前来说，我国的翻转课堂往往会通过教学视频与纸质学习材料来传达教学内容。其中，教学视频被认为是最基本的形式。教学视频的来源主要有以下两种。

（1）运用现有的教学视频

运用现有的教学视频是教师进行翻转课堂教学的最佳选择，主要有两方面的原因：一是教师的教学任务非常繁重，并没有多余的时间来制作新的视频；二是教师在面对视频录制仪器时，往往比较紧张，会严重影响教学效果和进程。因此，如果教师可以从网上找到现有的教学视频，那么必然会节省教师自身的时间和精力，且网上的教学视频资源非常丰富，只需下载就可以使用。

（2）制作新型教学视频

在翻转课堂模式中，教师除了运用现有视频外，还可以进行录制，当然，这需要教师有多余的时间和精力。他们可以运用电脑、录音软件、麦克风、手写板等进行制作，具体而言，主要有以下几种方法。

第一，教师可以使用录屏软件捕捉电脑操作轨迹及幻灯片演示轨迹。

第二，教师可以利用麦克风录制讲述内容。

第三，教师可以运用手写板提升书本上的书写效果。

第四，教师可以利用音频编辑软件加工录制的声音。

教师制作的视频应该尽量短小。这是因为，当前的高校教学节奏快，如果视频过长，那么必然会引起学生的厌烦心理。

2.课堂活动组织

在组织课堂活动过程中，教师需要注意如下几点。

首先，对于大学英语教学而言，导读类课程比较适合翻转课堂教学，这类课程通过网络多媒体展开。在课下，学生按照教师的安排习得内容；在课堂上，教师解释重难点问题，进而通过网络多媒体实现在线测试。完成测试后，学生可以即时获取测试结果和学习资源，同时还能与自己之前的测试结果进行比对，从而加深自己的认识。

其次，英语课程涉及语言与文化两大因素，教师在安排教学内容时，需要从初级认知的识记理解开始，然后转向高级的综合应用，完成一系列的递增过程。同时，教师在安排学生学习时还需要组织与此相适应的学习活动，在学生固有知识的基础上加深其对不同文化知识的理解和掌握。

最后，在合作学习的基础上结合个体学习。个体学习有助于学生充分领会和识记知识。小组合作应建立在学生个人独立思考的基础上。有了学生个体的独立学习，合作时才能人人有话可说，有感而发，才能实现有效的合作、交流。

3.课后效果评价

在翻转课堂教学模式中，教师需要重视课后效果评价。翻转课堂模式常采用个性化学习测试，是教师与学生接触的过程中形成的评价。也就是说，教师需要依据自身经验，对学生的知识掌握程度进行判断。这种即时的评价有利于教师纠正学生对知识的误解，且能够根据学生的差异，为他们提出合理化的建议和指导。但是，翻转课堂兴起时间较短，其评价与测试形式并不完善。因此，翻转课堂模式的学习评价要求教师及时与学生进行交流与沟通，并根据学生的不同个性特征加以引导。另外，教师还需要提供平台与机会，让学生展示学习成果，使学生建立起足够的成就感和自信心，促使他们有学习的动力。

（三）翻转课堂的实施方法

1.进行课前安排

在课前安排方面，教师要为学生准备充足的学习资料，如电子教材、外语参考书籍、国内外相关外语专题网站及微视频教程等。

（1）电子教材的设计

在电子教材的设计上，应该注重其完整性。也就是说，将纸质教材的内容及其附加的音频、录像、解释材料等注入电子教材。此外，还可以通过链接形式将语料库数据、相关网站等资料注入电子教材，便于教师和学生使用。

电子教材的设计除了要保证其完整性外，还需要注意以下几点。

① 模态协作化

由于电子教材的设计涉及多模态形式，在运用多模态时需要考虑以下几个因素：一是现有的设备条件是否适合使用多模态，能否为教师留有选择的空间；二是运用多模态能否产生正面效应，其教学效果如何；三是多模态的运用是否会出现冗余，要避免浪费；四是多模态形式是否能够进行强化和互补。

② 模态分配分类化

模态分配分类化是指根据不同的教学条件和教学对象来分配不同的模态组合。在设计电子教材时，教师同样需要考虑学生的认知能力和知识水平，如文科生适合形象化的模态，而理科生适合抽象化的模态。

③ 超文本化

在电子教材中，教学材料是主语篇，而提供背景、解释、练习材料的是小语篇，二者通过不同层次的方式构成一个相对复杂的语篇网络。

④ 个性化

电子教材设计的个性化是从学生的个性特点出发来组织教学。由于学生的基础不同，其使用的模态也必然不一样。为学生提供多种可供选择的教学模态，有助于提升学生的学习兴趣，避免出现“一刀切”的情况。

⑤ 协作化

在多模态学习的环境下，学生要相互进行协作，以小组的形式来完成学习任务，实现学习目标，进而提升整个小组成员的知识水平。

⑥ 模块化

所谓模块化，是指以阶段性目标为核心设计教材，并在此基础上设计完成任务和目标的措施与方法，指导学生根据步骤来学习，为实现自己的目标而努力。

（2）微视频的设计

微视频是当前翻转课堂模式常用的学习资源，具有很强的针对性。在课堂开始之前，教师可以根据课堂学习目标准备两个或三个微视频，一个微视频仅介绍一个知识点就可以，如果介绍的内容太多，就会影响学生的理解和学习。对于微视频的设计，教师需要注意以下几个方面。

第一，英语教学视频的视觉效果、互动性、时间长度等都会对学生的知识习得产生影响。在微视频中，教师要对学习内容进行合理设计，并设计课前练习的难度与数量等，以帮助学生将新旧知识结合起来。

第二，在微视频的设计上，教师还需要考虑学生的适应性。刚接触视频时，学生很难集中自己的注意力，他们更专注于记笔记。为了改善这一局面，教师可以为学生构建视频副本，解除学生的后顾之忧，引导学生关注当期视频内容。

第三，在微视频的制作上，教师不仅需要重视整体上的视觉效果，还需要突出学习的要点和主题，根据知识结构来设计活动，为学生构建内容丰富、形式新颖的平台，提升学生对微视频学习的积极性。

第四，当微视频制作完成之后，教师可以将这些视频上传到网上，方便学生随时下载。

2.展开课堂教学

翻转课堂模式的教学大概涉及五大步骤，即合作探究、个性化指导、巩固练习、自主纠错、反馈评价。

（1）合作探究

首先，要合理进行分组。合作学习实际上就是小组学习。在合作学习中，组员结构是十分重要的，因此教师在分组时要注意各小组成员的能力水平、知识结构的多样化。同时，各小组成员之间保持个性特点的均衡也有利于各小组的竞争和学习。一般来说，教师在分组时应该遵循“组间同质，组内异质”的原则，保证小组成员具有不同层次的知识水平，提升小组内能力欠佳学生的积极性，促使任务的完成。另外，小组内的成员应该进行分工，即每一位成员在小组内都应该明确自己的作用和位置，在完成任务的过程中积极思考。

其次，对问题进行策划和提出。小组合作的内容要具有操作性，即设置的问题能够进行讨论。在上课之前，教师应该根据不同的学习内容和任务明确规定小组内各个成员的任务以及完成任务的时间。在合作学习中，教师处于引导者的地位，为不同学习小组制订不同的学习任务，使各个小组间能够相互合作、共同学习、共同进步。

最后，要合作实施，并对过程进行控制。小组合作学习并不是在任务开始时就要求一起完成任务。事实上，在任务开始时，小组成员需要独立思考，并对任务进行研究和探讨，然后小组成员之间进行交流，发表自己的观点和看法，最后对各种信息和观点进行汇总得出一个一致的观点。当然，小组内还需要一个发言人，发言人需要将观点和看法反馈给教师。

（2）个性化指导

在个性化指导阶段，教师需要为各个小组答疑解惑。在合作探究中，不同小组会产生不同的问题，教师应该根据不同的问题进行个性化指导并解答问题；对于一些共性问题，教师可以集中起来予以解答。

（3）巩固练习

在巩固练习阶段，各个小组需要在教师的个性化指导下进行总结，并通过不断练习来加深印象，巩固重点、难点知识。另外，在这一阶段，各个小组间需要互相学习与交流，教师要引导学生共享学习经验和知识。

（4）自主纠错

对自己做错的题，学生可以通过观看答案详解或教师的习题评析视频，自主纠错。

（5）反馈评价

对小组合作学习情况的评价主要包含两个方面：一是对学习过程和结果进行评价；二是对小组及小组内成员进行评价。在对各学习小组进行评价时，教师需要将重心放在整个小组任务的完成情况上，而不是放在某一小组成员的成绩上。同时，教师还需要评价小组内成员参与的主动性、积极性，这样既可以为小组内的成员树立榜样，还可以激发小组内成员的热情，调动学生学习的积极性，防止学生产生依赖，更好地实现合作学习。

总之，大学英语翻转课堂模式不仅是对课前预习效果的强化，更是对课堂学习效率的注重和提升。通过课堂活动设计使学生知识内化是教师的重要任务，也是大学英语翻转课堂教学的目的。基于此，教师在设计课堂任务时应该对写作、情境等要素予以充分利用，引导学生通过真实体验来实现知识内化。对于大学英语翻转课堂而言，学生展开学习的基础在于对信息资源及技术工具等的运用。

（四）翻转课堂的优势

通过翻转课堂模式的定义可知，该模式是对传统教学模式的颠覆。具体而言，翻转课堂模式有如下几方面的优势。

1.有助于学生自主安排学习时间

翻转课堂模式有助于学生自主安排学习时间，尤其是即将毕业的大学生，他们需要花费大量的时间在实习工作上，因此并没有充足的时间用于课堂学习。这些学生需要的是能够迅速传达知识的课程模式，让他们在闲暇时间学习知识。对于这些学生来说，翻转课堂模式是非常适合的，有利于他们自主安排学习时间。

2.有助于师生展开课堂互动

与传统课堂教学模式相比，翻转课堂模式改变了师生之间的相处方式，教师既可以和学生一对一交流，也可以组织接受能力较差的学生进行讲解演示。另外，在翻转课堂中，学生会展开互动，他们不再将教师看成是知识的唯一来源，而是与其他同伴互动学习。

3.有助于学生进行反复学习

在传统课堂教学中，教师将重心放在成绩优秀的学生身上。但是，除了这些成绩优秀的学生外，其他英语水平较低的学生往往是被动听课，甚至很难跟上教师的节奏。对于这种情况，翻转课堂有助于英语水平相对较差的学生进行反复学习，学生可以随时暂停或重放视频，直到自己理解和明白为止。另外，翻转课堂模式还可以节省教师大量的时间，让教师将更多的精力投注在需要帮助的学生身上。

4.有助于学生实施个性化学习

众所周知，各大高校的学生来自不同地区，其自身发展水平必然会存在差异，尤其是兴趣爱好和学习能力等。虽然当代的教学研究领域注意到了这一问题，但是传统教学模式很难实现分层教学，而翻转课堂教学模式恰好解决了这一问题。翻转课堂模式根据学生的兴趣、能力等展开教学，使每位学生都能够按照自己的进度来学习。

5.有助于课堂管理的人性化

在传统课堂教学中，教师为了帮助学生获取知识，需要密切关注学生的注意力和整个课堂的纪律问题。如果学生被某些事情影响了心情，那么必然会影响学习的进度。但是在翻转课堂中，这一问题是不存在的。

首先，翻转课堂模式将学习的主动权归还给学生。翻转课堂模式是对师生之间、生生之间互动关系的强化，让学生最大限度地发挥主观能动性，即学生掌握了主动权。

虽然在传统课堂中教师也会辅导学生，但教学活动仍侧重于讲授，学生完全没有占据主体地位。在翻转课堂中，学生根据教师提供的资源先进行自主学习，然后在课堂上与教师展开讨论，深化自己的知识。

其次，翻转课堂模式扭转了传统教学模式下学生的学习观念和学习态度。翻转课堂中的学习内容是根据学生的需要、兴趣来定位的。在总体学习目标下，学生通过教师提供的途径、学习材料完成知识建构，提升自身的知识水平。

最后，翻转课堂使学生对教师的依赖性降低。这是因为，在翻转课堂中，知识的习得被前置，学生的自主性逐渐提高，有效淡化了学生对教师的依赖。在自主学习中，学生与同学互相探讨、学习，逐渐养成一种主动接受、学习知识的习惯，这样不仅可以提升学生的知识水平，还能提升他们的人际交往水平。

二、微课模式

（一）微课的定义

从字面上来说，“微课”可以从以下三个层面加以阐释。

第一，对于“课”这一概念来说，微课是“课”的一种，也是一种短小的教学活动。

第二，对于“课程”这一概念来说，微课有课程计划，有课程目标，有课程内容，有课程资源。

第三，对于“教学资源”这一概念来说，微课具有丰富的教学资源，如数字化学习资源包、在线教学视频等。

但是，对其内涵进行挖掘可以发现，微课是一种具有单一目标、内容短小、结构良好、以微视频为载体的教学模式。微课的最初理念是通过正式或者非正式的学习方式，不断对短小、主题集中、与实践紧密结合的专业知识进行学习，从而提高学习效果，促进知识的内化。

微课教学模式本质上是一种新型课程资源，并且微课教学模式与其他与之匹配的课程要素共同构成了微课程。从这一点来看，其属于课程论的范畴。学生通过微课教学模式开展学习，就是以微课为媒介与教师产生交互活动，通过面对面辅导、在线讨论等进行直接交互，从而产生有意义的教学。从这一点来看，其属于教学论的范畴。

（二）微课的结构

从微课的课程属性出发，其需要具备必备的课程要素。具体而言，主要涉及五大要素：目标、内容、活动、交互和多媒体。

1.目标

目标是指教师预期的微课适用的教学阶段以及期望教学所要达成的结果。因此，微课教学模式的目标主要包含以下两方面。

（1）应用目的

应用目的，即设计开发微课的原因。这与微课是在课前、课中还是课后运用有关。

（2）应用效果

应用效果，即教师在使用微课教学模式后期望学生能够解决的具体问题，如掌握某一题目的解题技巧、引发学生思考等。

一般来说，微课教学模式的目标是具体、明确、单一的，其对于微课内容和应用模式的选择具有重要的指导意义。

2.内容

内容是指为微课教学模式的预期服务的，与特定学科相关的，有目的、有意义的信息与素材。也就是说，微课的内容是教师实现预期目标的信息载体。教师根据微课的目标，并结合学生的学习情况、准备应用的教学阶段等教学实际来设计微课的内容。微课的内容不同，教师对教学活动的设计也不一样。但是，由于微课的时间很短，内容上往往具有主题明确、短小精悍、独立的特色，因此教师需要精心选取。

3.活动

活动是主体与环境相互作用的过程，其中环境涉及主体本身、其他主体，以及客体。这里所说的“活动”是指教师这一活动主体与特定微课内容这一客体之间的相互作用过程。教师通过这种相互作用，向学生有效传递教学信息，以帮助学生对课程内容进行理解与思考。活动是实现微课目标的一种有效方法。从方法上来说，活动可以分为教师的演示、讲授、操作及其与其他主体间的互动等类型。

4.交互和多媒体

要想完成微课教学中的活动，教师必须借助某些特定工具，来保证学生能够正确理解微课内容，从而实现学生与微课的相互交流。在微课教学模式中，这种工具主要包含交互工具和多媒体两种。其中，交互工具能够促进学生与微课间的操作交互和信息交互。多媒体是信息呈现工具，能够更好地帮助教师对教学内容进行表达和解释，提高学生与学习资源间的交互有效性。

总之，微课教学模式中这五大因素是相互影响、相互关联的。通过对这几大要素的设计，教师能够系统构建出数字化课程资源。

（三）微课的理论基础

1.终身学习理论

1994 年 11 月在意大利罗马召开的首届“世界终身学习会议”明确说明：“终身学习是通过一个不断的支持过程来发挥人类的潜能，它激励并使人们有权利去获得他们终身所需要的全部知识、价值、技能与理解，并在任何任务、情况和环境中有信心、有创造性和愉快地应用它们。”面对经济科学技术发展如此迅速的社会，人们只有不断学习才能不被社会所淘汰。因此，终身学习理论成为我国教育领域的重要理念，该理论的核心之处在于，学习者应学会学习，即具有获取新知的能力，在通过互联网手段查找新知的过程中提高信息素养。

在教学中使用微课，有助于培养学生的自主学习能力，教会学生主动通过网络获取学习资源，学会自主分析和解决问题。微课不受时间和地域的限制，只需要具有移动终端即可，学生可以根据自己的兴趣主动学习自己喜爱的知识，具有较强的目的性和动机。学生在学习微课的过程中能够培养良好的学习习惯，为实现终身学习奠定坚实的基础，真正实现终身学习理论所倡导的将终身学习到的知识应用于实际生活中。

2.建构主义学习理论

建构主义理论是认知心理学派的一个分支，理论内容十分丰富，其中能够应用于教育教学领域的核心理念为：以学生为中心，强调学生对知识的主动探索、发现和对所学知识主动地、有意义地建构。建构主义的代表人物主要有皮亚杰、斯滕伯格、卡茨和维果斯基等人。20 世纪 80 年代，瑞士心理学家皮亚杰根据人的认知发展规律率先提出了建构主义。他认为，生物也包括人，易受到周围环境的影响，生物会朝适应环境的趋势发展。而斯滕伯格和卡茨则认为建构知识的过程关键在于个体的主动性。维果斯基则提出了“文化历史发展理论”，该理论强调学习过程中学生历史文化背景的重要作用，并以此为基础提出了“最近发展区理论”。

建构主义学习理论强调学习者应在已有的知识经验基础上主动地对新知进行建构，注重情景教学和学习者获取新知的主动性。建构主义学习理论为微课在大学英语教学中的应用提供了理论指导。微课将某一个知识点或重难点系统地集中在一起，帮助学生巩固和深化已学知识，有意义地完成建构。微课还将文字、图片、声频、视频整合于一体，打造生动有趣的学习氛围，提高学生的学习兴趣及效率，满足学生个性化的学习需求，充分体现以学生为主体、教师为主导的教学理念。

3.微型学习理论

“微型学习”的概念是2004年由奥地利学者马丁·林德纳提出的，他认为微型学习是新媒介生态系统中基于微型内容和微型媒体的新学习方式。西奥·哈格认为，微型学习是一种利用短时间处理小知识的学习活动。彼得·布鲁克认为，微型学习是把知识分解为小的、松散的但相互关联的学习单元，人们在日常生活中就可以进行的学习活动。

随着社会快节奏的发展，人们逐渐习惯了浅阅读，为了让人们更容易理解和接受，各种各样的“微”现象层出不穷，如微博、微信、微电影等。微型学习理论适用于学习时间比较分散的情况，与微课有利于学生碎片化学习的意义相对应。微型学习理论决定了微课的选题内容。微课适宜选择容量小、相对集中的知识点或重难点作为教学内容。微课选题内容的好坏是衡量微课质量的标准之一。教育工作者应根据学生的身心发展特点和已有知识经验，利用微课调动学生对学习的积极性和主动性。

4.联通主义理论

联通主义理论是以信息技术的发展为主要载体的一种学习理论。2005年，乔治·西蒙斯扎根于建构主义理论，提出了联通主义学习理论，并对联通主义学习理论提出八条原则。一是学习和知识存在于多样性的观点中；二是学习是与特定节点和信息资源建立连接的过程；三是学习也可能存在于物化的应用中；四是学习能力比掌握知识更重要；五是为了促进持续学习，我们需要培养和维护连接；六是发现领域、观点和概念之间关系的能力是核心的能力；七是流通是所有联通主义学习的目的；八是决策本身是学习的过程。

在当今信息化背景下，学会如何处理知识间的融会贯通是适应社会的重要能力之一。联通主义强调知识间的交互性，为微课的应用提供了理论基础。如教师在制作微课时，为了将某一知识点讲解得全面具体，就需要对该知识点进行总结归纳，在这一过程中需注重知识点的延伸及其与其他知识点间的相互性。学生在学习微课的过程中，头脑也会将知识点转化成网状系统，通过长时间的学习，逐渐掌握教师的总结技巧，并将其转化为适合自己的学习方法。

（四）微课的类型

1.讲授类

在微课教学平台和微课教学比赛中，讲授类的微课是非常常见的，主要适用于教师使用生活化、口语化的方法向学生传授知识与技能。从英语这门学科来说，讲授类的微课可以给学生介绍语篇作者、重要人物、背景知识、文学常识等。

2.问答类

问答类的微课，顾名思义就是教师根据教学设计向学生提出问题，也存在一些自问自答类的。教师提问后，学生暂停观看视频，思考一段时间后得出自己的答案，进而继续观看视频。问答类的微课可以用于课前导入和课后的练习或复习，主要是为了引导学生进行自主学习或者对学生的知识掌握情况进行巩固。

3.讨论类

讨论类的微课非常适用于课堂教学活动，通过围绕某一主题或者中心主旨，让学生发表自己的看法和观点，这样有助于学生与教师思维的碰撞，大大开拓了学生和教师的思路。这一类型的微课对于英语教学而言是非常重要的，有助于调动学生的积极性和主动性。

4.启发类

启发类的微课要求教师根据学生的实际学习水平和情况，结合当前的教学目标、重点与难点、教学任务等创设适合学生的学习环境，调动学生的学习兴趣和积极性，从而让学生能够独立思考，解决学习中遇到的问题。

5.演示类

演示类的微课适用于教师在课堂教学时将教具或者实物清晰地展现给学生，或者给学生做示范性实验，让学生通过观察逐渐获取感性知识。在这一过程中，学生可以逐步验证和理解教师所讲授的知识。

6.实验类

实验类的微课在英语教学中并不多见，而常见于物理、生物、化学等学科的学习中。在教师的指导下，学生通过使用一些材料和设备，改变某些参数，使实验对象发生改变，进而对这些改变进行观察，最后得出结论，验证自己的所学。

7.表演类

在英语教学中，教师还可以使用表演类的微课，即让学生进行角色扮演，来将课文内容呈现出来。这种创设情境的娱乐性教学方式不仅可以大大加深学生对文章的理解，还能够提升学生的审美能力。

8.练习类

练习类的微课主要是为了检测和巩固课堂教学的成果或者学生自主学习的情况。学生只有反复性地完成某一动作，才能掌握其技能或者形成自己的行为习惯。这在英语学习中也不例外，即学生需要经过反复练习，从而最终掌握英语这项技能，便于之后的顺利交际。

9.自主学习类

自主学习类的微课也是一种常用的微课教学模式。在这一类模式中，学生占据主体地位，在学习过程和任务中发挥自己的主观能动性和自主能力，通过自主分析、探索、实践等来达到自主学习的目标。

10.合作学习类

合作学习类微课在学生与学生之间、小组与小组之间是非常适用的，主要是为了彼此之间可以相互交流和促进，从而提升学生个体的自觉性和参与性，提高学习的效果和质量，扩展学生的个体思维，增强学习的有效性。

11.探究学习类

在探究学习类微课中，学生发挥自己的主动性，对于新知识或者未知的领域，开展猜想和探索，再加上现有条件和资源的辅助来获取知识和技能。

一般情况下，一节微课往往只使用一种微课类型。但是微课的分类并不明确，也不是绝对的，一节微课可以用两种及其以上的组合类型，如合作探究类微课、启发讨论类微课、讲授练习类微课等。从我国微课平台上的微课作品分析，讲授类的微课占据绝大多数。教师只有对微课的类型有一个清晰的了解，才能在微课的设计与制作上开阔自己的视野，启发学生更好地进行思考。

（五）微课的实施

就当前的教学实践来说，微课有着极好的发展前景。虽然微课的设计是当前研究的重点问题，但是也不能忽视微课在教学实践中的应用。

1.构建微课学习平台

微课教学模式主要建立在视频这一载体上，同时还需要一些辅助模块，如微练习或互动答疑等，这些对于提高学生的学习兴趣、培养教师的信息化应用能力十分有益。其中，一个较为创新的方法是微慕课平台，即使微课教学模式展现出慕课教学模式的系统性和专业性。这一平台具有一定的知识含量，且有结构灵活、系统性强、制作成本低等优点。

2.提升微课视频录制技术

微课视频录制技术要尽可能地简单，使教师乐于录课，并能够快速提高自己的录制水平。另外，微课的研究人员需要在技术上进行改进和发展，追求卓越，尽可能地推广微课教学模式。

3.加强微课资源的开发与共享

当前的大学英语教学仍旧存在着教学资源不均衡的情况。而微课的出现，使得优质的教学资源通过网络传送到全国各高校，从而实现资源共享。

（六）微课的优势

从微课的定义与构成上不难看出，微课与当前信息技术相适应，是一种新兴媒体在教学领域的运用。可以说，微课在大学英语教学中的优势非常明显。

1.教学内容少

微课教学模式主要是对课堂教学中某一知识点的凸显，或者是对教学中某一环节、某一主题活动的反映。与传统教学内容相比，大学英语微课教学内容精简，更能满足教师的需要。

2.教学时间短

一般来说，大学英语微课教学视频时长为 3～8 分钟，最长也不应超过 10 分钟。相比之下，传统课堂教学时间长，一般为 40～45 分钟。因此，微课常常被称为“微课例”或“课例片段”。也就是说，微课教学时间短。在当前的大学英语教学中，使用微课教学模式展开教学有助于集中学生的注意力。

3.资源容量小

通常情况下，微课教学模式中的教学视频及配套资料的总容量约为几十兆，视频格式多为支持网络在线播放的流媒体格式。在大学英语教学中，微课这一教学模式有助于教师与学生流畅地展开交流。

4.教学情境化

大学英语微课教学的内容通常具有鲜明的主题，且指向也完整、明确。教学视频片段是微课的主线，并以此对教学设计及其他教学资源进行统整，从而构筑一个类型多样、主题突显、结构紧凑的“主题单元资源包”，也创造出一个真实的教学环境。

这样真实、具体的情境不仅有助于提升学生的思维能力和学业水平，还有助于提升教师的教学技能。

5.反馈及时，针对性强

微课教学内容少，教学时间短，可以在短时间集中开展“无生上课”活动，因此教师和学生都可以迅速获取反馈信息。此外，每一位学生都可以参与课前预习，相互学习与进步，这在一定程度上有助于减轻教师的压力，保证英语教学活动顺利开展。

6.主题鲜明，内容具体

微课课程的开展是建立在某一主题上的，其研究和探讨的问题也主要来自具体、真实的教学实践，如教学实践中的教学策略、学习策略、重点难点、教学反思等。

7.成果简化，多样传播

由于微课教学内容主题鲜明，内容具体，因此其成果易于转化和传播。同时，微课教学时间短、容量小，因此其传播的方式也是多种多样的，如网上视频传播、微博讨论传播等。

三、慕课模式

在信息化背景下，慕课模式以关联主义为基础，开展大规模的在线教学和学习。慕课模式的形成和发展并不是偶然的，而是时代发展和信息技术进步的必然结果。

（一）慕课的定义

慕课是一种在线课程开放模式，是在传统发布资源、学习管理系统的基础上建立起来的课程模式，又称为“大型开放式网络课程”。慕课是为了增强知识传播而由具有分享和协作精神的个人或组织发布的、散布于互联网上的公开课程。

慕课的英文缩写是MOOC，这四个字母分别有其代表的含义。

M（Massive）代表参与这种开放性课程的人数多，规模大。

O（Open）代表这一课程具有开放性，只要是想学习的人都可以参与其中。

O（Online）代表这一课程的学习在网上完成，时间是非常灵活的，想学习的人可以自主选择。

C（Course）代表课程包含的种类众多。

（二）慕课的特点

1.在线资源的多样化

慕课提供的教学内容极其丰富，能够满足不同学生多样化、个性化的学习需求。在慕课环境下，学生可以根据自身的实际情况、理解程度、兴趣爱好，有针对性地选择不同的学习进度，规划自己的学习目标，查找课程的相关资源，共享教学成果，将其作为学习过程的引导和辅助。

2.不受时空限制的开放性

慕课的在线开放性使其不受时间和空间的限制，可以满足学生随时随地学习的需求。学生只需登录慕课平台，查找资源，就可以实现资源共享，并方便快捷地下载学习资源，获取最新知识。慕课模式打破了传统教学模式固定时段学习的局限，受众面广，学生的零散时间能够得到充分的合理化利用，极大地提高了学生的学习效率。

3.教学内容的系统化

慕课教学内容的系统化主要体现在其强大的课程管理体系以及对资源发布的有效整合。慕课的课程设置不仅是单一的授课模式，还包括一系列的配套资源，如健全的在线考核和评价体系，有利于学生的自主学习。教师通过慕课体系获取、评价、管理、整合教学资源，实现了教学方法和手段的多样化，体现了教学理念的先进性，为打造高水平的“金课”奠定了基础。

（三）慕课的优势

慕课教学模式应用于大学英语教学必然会引起教学理念与教学方式的改变。也就是说，慕课教学模式对当前的大学英语教学意义重大。具体而言，慕课教学模式具有如下几点优势。

1.提供能力培养平台

虽然我国的大学英语教学一直在不断变革，但是总体重心还是在基础知识教学上。这种教学模式必然阻碍学生将英语学习与专业学习结合起来，也就很难实现综合能力的提升。

受传统教学模式的影响，很多学生忽视了英语的学习，并没有意识到英语这一工具的作用。慕课的出现能够为学生提供最新的发展评估和专业动向，有助于激发学生的学习动机和兴趣，促使学生提升自己的专业能力，将英语学习与专业学习相结合。

2.适合不同水平学生

高校学生来自不同的地域，各地的教学水平存在差异，因此学生的学习能力和学习基础也各不相同。在大学英语课堂上，教师很难实行一对一教学，只能从宏观上对学生进行指导。在这样的教育现实下，有的学生可能追赶不上教学的进度，或者不满足于当前的教学水平。

慕课模式通过开放性的网络平台，给学生提供了有针对性的教学，便于缓解教与学的矛盾。同时，该模式不受时空限制，既有利于促进基础好的学生发展能力，也有利于基础差的学生巩固知识。

3.形成语言使用环境

对于我国学生而言，英语是第二语言，因此缺乏语言学习的环境，在课堂上学到的知识很难在现实中应用。这降低了学生学习英语的成就感，也对日后学生的语言能力提升十分不利。

慕课的出现能够为学生创设良好的语言学习环境，即学生可以接触到真实的语言，甚至可以与世界上其他国家的人进行交流，有助于提升学生的听说能力。

4.扩大学生知识储备

我国的大学英语教学主要是围绕课堂教学展开的，但是课堂教学时间短暂、课业压力繁重，课堂教学很难给学生带来充足的知识。相比之下，慕课教学模式以网络为平台，向学生提供丰富的知识，方便学生学习，不仅扩大了学生的知识储备，还提升了学生的学习效率和兴趣。

（四）慕课给大学英语教学带来的机遇和挑战

1.慕课给大学英语教学带来的机遇

慕课作为一种全新的教学方式，给现代英语教学带来了重要发展机遇。慕课具有开放性的教学特征，能够收集世界各地的优秀教学课程，让教师通过慕课强化自身教学能力，并利用优秀的教学资源辅助学生学习。此外教师还可以将观看过的慕课直接应用至实际教学当中，让学生尽快适应这种新型教学模式，通过网络平台促进学生的自主学习，培养学生的主观能动性和英语学习兴趣。

2.慕课给大学英语教学带来的挑战

慕课具有的开放性对某些课程的教学未必有利，以英语学科来说，发布在网络上的慕课教学视频创作者一般是以英语为母语的群体，他们在英语的表达和交流方面有着自己的习惯，中国学生要想完全理解这些教学视频内容难度较大，所以某些学生无法像其他国家的学生一样在线展开知识交流，甚至参加考试。从这一点来看，学科知识水平是一切教学工作开展的前提，只有提高学科知识水平，才能增强整体能力。教师在进行教学活动时使用的慕课资源充分利用了信息技术的优势从而完善现有的知识结构，这对于学生的自主学习能力有着较高的要求。如果学生的自觉意识较差，慕课的优势也无法得到发挥。

（五）基于慕课的大学英语教学

1.创新教学方法，构建翻转课堂

基于慕课开展的翻转课堂教学模式，能够实现真正意义上的师生平等交流，让师生在沟通过程中了解英语知识。这样一来，英语教师既可以转变个人教学观念，充分认识到学生在网络空间内的学习需求，转变自身的角色定位，从单纯的知识传授者变为知识导学者，将传统的指令性教学变为建设性学习服务，让学生成为课堂的主角，线下学习和线上学习相结合。学生可以直接在网络上学习课程相关的内容，注重英语应用能力的培养。而教师可以与学生在线沟通，无论是课前还是课后，都能听取学生对课程的建议，引导学生养成自主学习的习惯。

慕课教学模式本身具有协作性和互动性的特点，打破了传统课程的时间和空间限制，因此可以作为传统课堂教学的辅助手段，激发学生课堂参与的积极性。与此同时，翻转课堂等新型教学模式的应用，使现有的课程教学系统发生了转变。教师可以构建以学生为基础的教学模式，强化自身对慕课学习的统一管理，构建慕课教学和传统课堂的混合体系，充分保障大学英语教学活动的有效性。必要时学校还可以设置专门的英语实用课程，引入某些国内外高校的优秀资源，以混合型教学模式调整原有的课程设置。

2.借助网络教学平台优化教育资源

在慕课教学模式的支持下，学校可以通过网络平台进行教育资源的优化，重点提升学生的英语运用能力。例如，学生可以下载某些专业课件，通过互联网平台与外界进行信息沟通，在足不出户的情况下，根据自己的学习需要，随时随地学习优秀的教学课件或教学视频。在传统教学模式下，教师只能针对课本上的知识点展开综合讲述，而英语考核也是围绕书本内容进行的。这种方式显然背离了英语教学的根本目标，不利于学生的专业素养和能力发展。在慕课的支持下，学生可以借助网络教学平台，对

某些关键知识点进行深入剖析；教师也能在平台上回答学生的问题，引导学生发散思维，从而锻炼他们的英语综合能力。例如，《大学英语》慕课是浙江省第二批立项的精品在线开放课程，从 2017 年 9 月开始在课程共享平台开放，省内的各所大学也积极参与其中，提供了丰富的学习资源。与此同时，该慕课还在学科知识点中融入了中西方文化的教育工作，构筑文化桥梁，有效地提升了学生的语言鉴赏能力。

教师可以在课程内容中融入某些学生喜闻乐见的题材或当今时事热点问题，扩展英语背后的文化内涵。之后，教师可以针对学习内容进行提问，让学生互相协作完成目标任务。

3.创新教学管理，重塑教学质量

慕课由专业的主讲教师负责，可以支持大规模的人群参与，通过视频讲解和互动的形式，实现网络教学过程。慕课是一种快速兴起的在线课程开发模式，学校教师可以向学生直接讲解专业知识，以网络平台为桥梁让每个学生都获得应有的授课效果。在授课结束后，教师可以总结本节课相关的知识点，进行教学数据分析，通过专业的教学管理来改善教学质量。总体来看，教师需要综合利用信息技术创新英语网络教学方法，全面提升学生的综合能力，让学生养成自主学习的良好习惯。这样一来，教师也能以自主学习平台为依托，综合多种教学模式和教学手段为学生创造个性化的英语教学环境。

综上所述，慕课的出现使得传统的大学英语教学面临新的工作方向。为了紧跟时代发展潮流，为大学英语教学改革注入新的生机和活力，未来的大学英语课堂教学应该更具时代性和灵活性，打造新时期的大学网络教学模式，让慕课资源更好地服务于课堂，综合调整课程设置，丰富课堂内容，优化现有的教学形式，从根源上提升教学质量。

第二节　信息化背景下大学英语学习方式的改革

信息化背景下的大学英语教学具有更为丰富的教育资源，同时对学生的学习方式提出了更高的要求。

一、探究性学习

（一）探究性学习的内涵

探究是多层面的活动，包括观察，提出问题，通过浏览书籍和其他信息资源发现什么是已经知道的结论，制订调查研究计划，根据实验证据对已有的结论做出评价，用工具收集、分析、解释数据，提出解答、解释和预测，交流结果。探究要求确定假设，进行批判的、逻辑的思考，并且考虑其他可以替代的解释。

探究性学习作为一种学习方式，是指学生在学习情景中通过观察、阅读，发现问题，搜集数据，形成解释，获得答案，交流结果。

（二）探究性学习的特点

探究性学习具有以下特点。

1.参与与探索

在探究学习的过程中，所有学生都需要积极参与，将自己视作“科学家”，通过各种探索来得出结论，有效培养自身的钻研与实践能力。在教学过程中，教师不可将结论直接告诉学生，尽量让学生通过探究自己得出结论。

2.平等与合作

在探究学习的过程中，学生取得成功的机会是均等的，而且还需要彼此合作，取得最终的学习成果。另外，师生之间的关系同样是平等的，教师可以作为学生的朋友参与其中。换言之，探究性学习其实是一种学生彼此之间通力合作的过程，并不是竞争或者对立的关系。

3.鼓励与创新

在探究学习的过程中，教师应该尽可能鼓励学生通过想象提出自己的看法、预见、假设等，充分尊重学生的观点，让学生大胆创新，从而培养他们的创新精神。

4.自主与能动

探究性学习的一个重要特点是自主性。在整个学习活动中，学生自选课题、自定工作方案，教师不能直接干预。虽然最后的评鉴是由教师进行的，但怎么做还是由学生决定的。

（三）探究性学习的实施

1.情景引导

探究性学习离不开课程中的知识点。大学英语教师可以通过一定情景引入某一个知识点，这个知识点不是由学生来选择和确定的，也不是由社会生活中的某个现实问题而产生的，是大学英语教师根据教学目标、教学进度来合理选取的。一旦确定了教学知识点，大学英语教师就可以针对这个知识点设置一系列问题、任务等，利用合适的教学手段创设相关的学习情景，引导学生展开学习。

2.启迪切入

在确定了学习对象之后，大学英语教师需要向学生提出一系列富有启发性的问题，让学生进行深入思考。这一环节十分重要，是确保探究性学习取得成效的关键环节。大学英语教师所提出的问题是否具有启发性，是否能够引导学生深入思考，是探究性学习成功与否的关键点。

3.自主探究

大学英语教师在教学时一定要注意调动学生学习的积极性。在课堂上，教学目标的实现主要依赖于学生的自主学习、合作学习、探究学习，因此这一环节对于教学效果具有直接影响。在具体操作过程中，大学英语教师需要处理好学生之间、师生之间的关系。大学英语教师的作用主要是支持与引导，学生则需要充分发挥主动性、积极性，利用网络、多媒体等技术来达到自主探究的目的。

4.交流协作

交流协作与上述几个环节是紧密相关的。学生在自主探究、积极思考之后，就可以进入更高质量的协作交流阶段。换言之，协作交流的进行必须建立在自主探究的基础上。在这一过程中，大学英语教师需要起到合理组织、引导、协调的作用。

二、自主学习

近年来，自主学习成为英语教学的研究热点，培养学生的自主学习能力也成为英语教学的重要任务。在信息化背景下，大学英语自主学习方式可以不受时空的限制，不断提升学生的积极性和主动性，有助于学生终身学习的实现。

（一）自主学习的内涵

自主学习是指学生根据自身需求进行自主学习规划、自主学习管理、自主学习监控、自主学习评价等。具体而言，自主学习可以分为以下五个步骤。

第一，学生基于不同需求，分清学习主次，对自己的学习目标进行规划。

第二，学生基于不同需求，选择学习材料，并制订与自己学习风格相符的学习策略。

第三，学生合理把控自己的学习进度、学习时间。

第四，学生在学习中要不断反思与调整。

第五，学生要对评价标准有明确的把握，从而衡量自己的学习效果。

（二）自主学习的优势

1.有利于建立终身教育体系

随着科技、社会的发展，人们认识到需要建立终身教育体系，这一教育体系打破了传统教育体系的封闭性与终极性，使教育成为一个伴随终身、持续不断的过程。未来的社会是一个持续学习的社会，为了与社会的发展相适应，人们就需要不断学习、不断发展。相应地，这也是对学生的要求。通过自主学习，学生能够适应不断变化的社会、不断变化的职业要求，从而不断提升自我质量与自我价值。

2.有利于满足信息化社会发展的需要

当今社会是一个科技迅猛发展的社会，信息化时代使人们越来越认识到，学校教育已经远远不能满足人们不断更新知识的需要。学生要想满足信息化社会发展的需要，除了要接受英语教师传授的知识，还需要从各种途径、各种渠道挖掘知识，以充实自己。

3.有利于增强学生个体的学习意志

学习意志指人的主观能动性在学习上的突出表现形式。学习意志对学生个体的学习具有调节、保障作用。正如陶行知所说的那样：学习光靠智力不行，有了学习的热情还不够，还得有坚持到底的意志，这样才能战胜巨大的困难，挑战人生面临的险境时才能沉着应对。

在大学生中开展自主学习，能够使其产生内在的求知欲和驱动力，并支配学生个体进行持之以恒的学习，表现出一种意志的坚韧性。诸多实践充分证明，学生在自主学习的过程中，能够不断地尝试运用各种策略逐个解决学习的困难，提升学习体验和能力，其学习的意志也会日益强化。

（三）自主学习的实施

在大学英语教学中，自主学习的实施可以从以下几个方面着手。

1.明确自主学习目标

在信息化时代，要想使学生有效进行自主学习而不沉迷于网络，就要明确学习目标，使学生了解学习的目的，端正学习的态度，树立终身学习的理念。在传统的英语教学中，教学目标一般由教师或学校来制订，学生基本不参与，没有太多的自主性，往往教师在课堂上教授什么知识，学生就学习什么知识。在这样的教学模式下，学生的自主学习意识往往较为薄弱。

而在信息化时代，教师应让学生在开始自主学习之前明确自己的学习目标。具体而言，教师应做到以下两点。

第一，让学生参与教学目标的制订。学生参与教学目标的制订不但可以提高教学目标制订的合理性，还会增强学生的自主意识和责任感，有助于学生根据教学目标的变化，随时调节自己的学习方法和策略，提高自主学习能力。

第二，让学生了解每个单元、每节课的具体目标，使学生的学习更具有针对性和指向性。

2.训练自主学习技能

自主学习需要一定的技能，但这些技能并不是先天的，而是经过一定的训练和实践获得的。因此，在大学英语教学中，教师应该注意训练学生的自主学习技能，从学生个体的需求出发，帮助他们掌握适合自己的自主学习技能。

在学生的自主学习过程中，教师的责任就是指导学生掌握学习策略。教师可以为学生推荐一些阅读材料，并且给学生介绍一些阅读技巧，指导学生写读书笔记，从而不断提高他们的自主学习能力。

3.营造自主学习氛围

丰富而多样化的学习资源对学生的自主学习十分有利。具体来讲，学校应优化学习资源，配备现代化的多媒体网络平台或建立自主语言学习中心，组织自主性的学习活动，全面开放实验室、图书馆、自习室、实践基地等，尽量满足学生的需求，为学生提供个性化服务，从而使学生在开放的氛围中与同学、教师沟通交流，激发学生的学习兴趣。

在信息化时代，科技的发展使得网络、多媒体等现代技术在英语教学中得到普遍应用，为学生的自主学习提供了便利。例如，学生可以利用电脑进行语言专项训练、与他人交流、浏览英语文献资料等。教师可以充分利用网络、多媒体为学生营造良好的自主学习氛围，激发学生的求知欲望，增强教学效果。具体而言，教师可以根据网络、多媒体的多种功能为学生提供各种获取英语信息和练习实践的机会，为学生提供全方位的学习途径，以满足不同学生的不同学习需求。教师还可以向学生介绍一些优秀的学习网站，帮助学生提高自主学习能力。

4.激发自主学习兴趣

兴趣是学习的内在推动力，设计能够激发学生兴趣的学习活动，对于培养学生的自主学习能力十分有利。在传统的英语教学中，学生是被动的接受者，学生的兴趣常常被忽视；而在自主学习中，学生是学习活动的主体，是知识的主动构造者，学生的学习兴趣受到了重视。为了更好地激发学生自主学习的兴趣，大学英语教师需要做到以下几点。

（1）分析学生的需求

大学英语教师要分析学生的需求，然后根据不同学生的需求帮助他们确定学习目标并制订学习计划。为了更好地适应学生的学习计划，教师还应该根据需要对自己的教学进行调整和改进。

（2）尊重学生的个性差异

学生的个体差异性使得他们在学习水平、学习风格、学习方法等方面存在差异，大学英语教师要承认并尊重学生的这些差异，让学生自主选择学习内容，培养学生的自主学习能力。

（3）观察学生的反应

在自主学习过程中，大学英语教师要仔细观察学生学习目标的建立情况、自主学习的适应性及其在语言方面的进展等，了解学生一系列的反应，根据学生的反应情况及时调整与改进教学计划，并帮助学生解决自主学习过程中遇到的问题。

三、合作学习

英语学习的过程其实就是交际的过程，而交际的基础在于合作。合作学习是学生社会性的本质体现。通过人与人之间的合作，学生交际的内容会更丰富，英语的学习也会更深入。

（一）合作学习的内涵

合作学习是一种以学习目标为导向，以生生、师生、师师之间的协作为基本动力，以小组为表现形式，以小组成员之间的学习活动为主体，以团体总成绩为评估依据的学习方式。

一般而言，合作学习包含三个要素：小组活动、相互支持以及组员间的人际交往技能。

1.小组活动

小组活动是合作学习的基本要素。小组活动是指小组有明确的学习活动时间、明确的学习活动目标、明确的学习活动任务、明确的学习活动分工、真实详尽的学习活动反馈。

2.相互支持

在合作学习中，组员之间的利益是联系在一起的，每个组员的学习行为都会对整个小组的学习具有一定的影响，因此组员之间必须在心理、资源等方面相互支持，使整个小组的利益最大化。

3.组员间的人际交往技能

小组的氛围直接影响学习目标的实现，所以组员应掌握一定的人际交往技能，从而创设良好的氛围。组员之间应彼此信任，积极沟通，正确处理冲突。

（二）合作学习的优势

1.调动学生的积极性

在传统的大学英语教学中，学生处于被动接受知识的地位，因此他们的课堂主动性较差。在合作学习中，学生依据一定的标准组成学习小组，丰富英语教学形式，不断提高学习的积极性与主动性，从而使自己的学习内容变得更为生动。

合作学习有助于调动学生学习的主动性与积极性，普遍提高学生的学业成绩，促进学生整体学习水平的提高。合作学习可以提升学生的主体意识，提高学生参与英语学习的程度，促进学生更加充分地展开交流。

2.培养学生的团体意识

合作学习有助于培养学生的团体意识。在小组交往中，学生会将自己归属于团体，与团体荣辱与共，从而不断形成团体意识，形成强烈的集体荣誉感。团体意识的产生，对于学生提升人际交往能力非常重要。

3.促进小组任务的完成

合作学习具有交往性、互助性、分享性的特点，所以学生在合作学习中可以通过师生互动、生生互动，互相启发、互相协作、互相鼓励，分享经验与知识，进而解决学生个体的难题，最终完成学习任务。

（三）合作学习的实施

1.合理分组

合理分组是学生开展合作学习的前提条件。合作学习是通过小组成员之间的配合展开学习的，因此合作学习的前提在于对学生进行分组。

在分组的过程中，教师需要仔细地分析与考虑，对组员的安排予以重视，从而保证每一个小组的成员都能够多样化，无论是兴趣上的多样化，还是知识与性格上的多样化。因为这种多样化的布局可以对小组结构予以平衡，帮助小组进行公平的竞争。

在进行分组时，教师需要遵循组间同质原则和组内异质原则，使小组成员的知识水平更具有层次性。英语学习能力强的学生可以帮助英语学习能力弱的学生，从而促进小组任务的完成。同时，学生之间互相帮助还能够调动学生学习的积极性与主动性，便于形成集体学习的氛围。

2.策划与提出问题

小组合作的学习内容要有一定的可操作性，教师设置的问题要具有开放性和讨论性。在课前，教师应根据学习任务明确分组原则，对于小组内各成员的任务以及小组完成任务的时间都应该做出明确的规定。教师是学生合作学习的引导者，要为学生布置适当难度的任务，充分调动学生的积极性，为不同的学习小组布置不同的任务，使各小组之间互相学习、共同进步。

3.合作实施与过程控制

在学生开始合作学习的同时，教师需要对整个过程进行监督管理。教师要观察学生的表现，且给予一定的提示，也可以用提问来检查学生的表现。教师在必要时应向学生提供帮助，解答学生的问题，提高学生学习的效率。对于学习中遇到的每一个问题，组员都应该先深入思考，然后再和其他组员讨论交流。

4.评价学习效果

对小组合作学习效果的评价主要涉及两个方面：一是要对学生的学习过程以及学习结果进行评价，二是要对小组和组内各成员进行评价。

教师在评价各学习小组的成果时，要注重评价整个小组的任务完成情况，而不是小组中某一个成员的成绩。同时，教师还要对小组成员参与的积极性、主动性和思维的独创性等各个方面给予恰当的评价，这样既可以在小组内为其他学生树立学习榜样，激发组内成员相互学习的热情，又可以调动成员参与的积极性，打消个别学生的依赖性，最终实现教学目标。

第四章　大学英语课堂教学的理论基础

第一节　大学英语阅读教学

一、英语阅读教学综述

语言教学始于中世纪末的英国，但是外语教学的真正开始应该从 18 世纪算起，所采用的方法是语法翻译教学法。因此，阅读教学一直伴随着外语教学的始终。语法翻译教学法以书面语为教学材料，主要通过词汇的学习、语法的掌握、句子结构的分析，以及翻译活动来培养学生的阅读能力，这对后来的英语教学产生了深远的影响。在语法翻译教学法之后又出现了直接教学法和听说教学法，但是这两种教学方法主要强调口语能力的培养，并没有给阅读教学带来实质性的变化。因此，在 20 世纪 60 年代中期以前，指导外语阅读教学的理论主要来源于传统的语文教学。这种理论认为，外语阅读在弄懂词汇的基础上就自然达到了理解的目的。理解取决于词汇，词汇不懂也就谈不上理解。根据这种词汇是理解的基础的理论，阅读教学的重点也相应地变成扩大学生的词汇量。这种理论片面强调词汇在阅读理解中的作用，忽视了阅读过程中其他因素的作用，从而使学生拘泥于词句的理解，被动地参与阅读教学。

20 世纪 70 年代，交际教学法的出现为阅读教学带来了很大的变化。教学材料不再局限于一些经典名篇，而是更加强调材料的多样性、真实性和实用性。交际教学法认为，英语教学的目的在于培养学生的交际能力。因此，阅读教学应该使用人们日常生活中的阅读材料，如报刊文章、火车时刻表、广告、电影院海报等。阅读教学也开始以阅读过程研究以及语篇分析等相关领域的成果为指导，强调学生应主动参与教学过程。

有学者将认知理论系统地应用于阅读理论的研究之中，认为文本本身并不具有含义，它只是为读者提供一种获得某种含义的途径，读者最终能否理解，取决于读者的认知结构。所谓认知结构指的是读者的背景知识状况，也就是读者对文本所涉及的知识的了解程度。读者不具备相关的背景知识，就无法读懂文本；对背景知识的了解不够充分，就会造成理解上的困难；而背景知识同输入信息的错误结合会导致误解。改善读者的背景知识就能改善读者的理解能力。背景知识同语言知识同等重要，二者相辅相成，是阅读过程中密切相关、不可分割的两个方面。自此之后，阅读理论的研究不断深入，并开始重视阅读的心理机制以及受这种心理机制影响的信息传递和信息处理过程，通过对阅读行为的分析展示阅读能力的构成成分。研究结果显示，阅读过程并不是简单的信息传递和读者被动接收信息的过程，而是读者不停地对视觉信息进行解码、加工和处理的过程，涉及读者的预测机制、认知能力和语篇分析能力。理论研究者提出了各种阅读模式，用来解释阅读过程，如自下而上模式、自上而下模式、交互模式和图式理论等，这些阅读模式为阅读策略研究以及阅读教学提供了坚实的理论基础。

经过长期的研究与教学实践，人们对阅读教学达成以下共识：阅读是一个发生在读者和文本之间的交互过程。阅读是一个有目的的活动，人们为了获取信息、娱乐消遣等而阅读，阅读的目的决定了读者对阅读材料的选择。人们在阅读中需要利用各种知识、技能和策略，主要包括语言能力、语篇能力、社会语言学能力、策略能力和利用各种阅读策略理解文本的能力。阅读教学要给学生提供不同文体的真实语言材料，使学生通过阅读实践获得阅读所需的知识、技能与策略。阅读教学要与知识的摄取相结合。

二、阅读教学的理论基础

阅读是通过人的视觉感官从书面语言材料中获取知识信息的过程，其目的是有效、正确、快速地理解所读的材料。从心理语言学的角度来看，阅读是由发送者向接受者传递信息的一种交际行为。这里所说的发送者是指作者及其所形成的书面语言材料，而接受者则指阅读这些材料的读者。从大脑活动和语言学习的关系来看，阅读是读者用于处理文字信号和获取新知识的一种工具。阅读从识别单词、领悟句意到理解篇章、摄取知识，实际上就是一种提出问题、解决问题的排疑解难的心理思维过程。因此，阅读教学的理论基础涉及语篇的结构、阅读的心理过程以及由此而得出的影响阅读的各种因素。

（一）语篇分析

篇章语言学是 20 世纪 50 年代才发展起来的一门科学。语篇分析是指对比句子更大的语言单位所作的语言分析，目的在于解释人们如何构造和理解各种连贯的语篇。

1.衔接

衔接是语篇特征的重要内容，它是指通过语法和词汇手段把语篇中的句子或较大的语段在意义上紧密联系的现象。英语语篇中主要的衔接手段包括参照、替代、省略、连接和词汇照应。

（1）参照

有些语言单位本身不能作出语义解释，需要参照另外的一些单位才能明确它们的意义，这些单位之间就构成了参照的关系。从所使用的语言手段来看，参照包括人称、指示和比较三种方式。人称参照是指通过人称范畴（人称代词、物主代词等）来表示功能的参照；指示参照是指表示处所远近的参照；比较参照是指表示相同或相似的参照。例如：

① John gave Mary a gold watch yesterday. They will get married next month.（人称参照）

② Come and sit here.（指示参照）

③ You should never speak like that.（比较参照）

（2）替代和省略

一个单位代替另一个单位，就构成替代关系。有些单位被省略，就出现省略关系。例如：

① Whose pen is this? —Oh, it's the one I lost.（替代）

② Has he left? —I think so.（替代）

③ How much does it cost? —Five pounds.（省略）

替代和省略除了加强语言的结构联系外，还可以使语言富有变化，不枯燥，简洁活泼。

（3）连接

连接成分的衔接作用是间接的，其本身不能直接影响上一句或者下一句的结构，但是它的具体意义表明必须有其他句子的存在。连接成分表达的是语义上的关系，而不是语法关系。例如：

① This may hurt a little, but they say it is very lucky for the child.

② Some owners abandoned their cats because they could not afford to care them any longer.

连接主要靠连接词来实现。连接词主要有四种：第一，递进连接词，如 and、and also、furthermore、in addition、in other words 等；第二，转折连接词，如 but、however、in fact、at the same time、instead 等；第三，因果连接词，如 so、therefore、as a result、because 等；第四，时间顺序连接词，如 then、next、secondly、finally、soon、at once、three hours later 等。

（4）词汇照应

词汇照应是指通过词汇的选择而产生的照应关系。词汇照应手段主要有重申和搭配两种。重申有重复、同义词或近义词、上下义词、概括词等四种形式。搭配也是实现语篇衔接的重要手段，这里所说的搭配是指词与词之间的一种共现关系。有一些词，意义不相同，甚至是反义词，但经常出现在同一语境，使它们具有衔接的作用。例如，"Mary is a good waitress,but she is a bad wife." 其中 good 和 bad 是一对反义词，正是这一共现关系使得句子前后衔接起来。类似的词对还有很多，如 stand up—sit down、like—hate、man—woman、boy—girl、wet—dry、school—student、king—crown 等。

2.连贯

连贯指的是语篇中的语义关联。连贯存在于语篇的底层，通过逻辑推理来达到语义的连接，是一个把语篇联系起来的无形网络。一个语篇往往有一个主题，其中的所有内容都是围绕这一主题展开的，从而通过语义的关联构成一个连贯的语篇。

（二）语篇的结构

由于语篇的交际功能、语篇的主题和内容、文章的体裁、作者的风格等方面的差异，语篇的结构也多种多样，但是同一类型的语篇也会呈现出基本相同的结构。较大的语篇通常都有开头、中间、结尾等部分。例如，故事的开头往往对时间、地点、人物等作出交代，中间部分主要描述故事的发展，结尾部分一般要描述人物和事件的结局或者给人的启示。议论性的语篇开头一般提出问题，说明该文要议论的主题，中间部分则对开头所提出的问题进行分析，对论点加以论证，结尾部分则提出解决问题的办法或者得出结论。书信的开头是称呼，中间是正文，结尾则是结束语和落款。

在一个语篇的内部，所有的句子都是以线性的方式依次排列起来的，但是句子之间都通过不同的关系结构连接起来。这些关系结构主要包括顺序、层次、连环和平衡。

1.顺序关系结构

顺序关系结构是指语篇中的句子按照事物发展的过程由先至后依次排列。这种结构一般用于适合按步骤进行说明或按固定的操作程序进行描述的语篇，如使用手册、操作方法说明、故事等。

2.层次关系结构

层次关系结构中的句子往往不在同一个平面上，而是呈现一种等级关系，有些句子用来说明或者解释其他句子，有些句子支配着其他句子。论证性和一些说明性的文章一般采用这种关系结构。

3.连环关系结构

连环关系结构和顺序关系结构有所类似，都是从一点讲到另一点，两者之间的不同之处在于，顺序结构是按照一个方向发展的，而连环结构的发展方向是曲折的，常常从某一连环处“节外生枝”发展开来。

4.平衡关系结构

平衡关系结构与层次关系结构和连环关系结构有相似之处。这种关系结构常常从一个环节延伸开来，而且特别注意结构的平衡，说了正的还要说负的，左右照顾，利弊并举，正反兼顾。

（三）语篇理解的模式

篇章阅读研究最早开始于弗雷德里克·巴特利特在 1932 年采用实验心理学方法对篇章阅读与记忆的研究。在此之后大约 40 年间，虽然也有一些遵循这种严格实验心理学传统的阅读研究，但更多的阅读研究都是一些教育心理学家为课堂教学的应用而开展的，对篇章理解实质的探索不是他们研究的主要目标，研究者也缺乏一个清晰的理论模型来支持研究和指明方向。直到 20 世纪 60 年代末，在信息加工主流思想的引导下，现代认知心理学的迅猛发展大大激发了研究者对篇章阅读领域的兴趣，他们对语篇理解的过程进行了大量的研究，提出了各种语篇理解的模式。巴特利特把这些模式分为三种类型：自下而上模式、自上而下模式和互动模式。

1.自下而上模式

自下而上模式是一种传统的阅读理解理论，它起源于19世纪中期，采用信息加工的理论来阐述阅读的过程，是一种文本驱动型的模式，即从看到的书写文字符号到理解文字意义的整个过程，从低级的小单位字母加工发展到高级的词、句子乃至语义的加工过程。这个模式认为，阅读是从字词的解码开始直到获取文本的意义，即阅读过程是一个从左向右对字母、词、句子、语篇的有组织的、有层次性的、自下而上的理解过程。根据这个模式，理解一个语篇，读者必须首先具备一些低级或简单的语言知识。由此可见，自下而上模式强调的是语篇本身的作用，阅读过程中遇到的问题就是语言问题，学生理解的失败主要是由于缺乏足够的语言知识。受自下而上的阅读模式的影响，传统的阅读教学主要按照词、句子，然后再到语篇的次序，按照由低到高、由简到繁的线性信息处理过程进行。教师的主要任务就是帮助学生解决语言知识的问题。

自下而上的模式说明了信息加工中的线性模式对阅读研究的影响，但没能说明阅读过程中各种信息之间的相互作用，只是局限在字、词、句这样的线性理解层面上，忽视了读者可能会从语篇以外的其他地方，如读者已有的知识中提取有关信息并对其进行加工这一情况。虽然语篇是以层次结构的形式把信息呈现给读者的，但读者可以直接在任何水平上提取并对已有的知识进行加工，以补充或者预测来自文章的信息流。字母在词中出现要比单独出现更容易察觉；词在有意义的句子或语篇中出现要比单独出现时更容易识别；不管句子的句法如何复杂，深层语义关系贯通一致的句子要比语义关系混乱的句子容易整合。它把低层次过程与高层次过程截然分开，没有意识到读者可能带进阅读过程中的高层次知识的作用。

2.自上而下模式

自上而下的模式是在20世纪60年代后期，在认知心理学的影响下而发展起来的阅读理论。这种理论认为阅读有四个过程：预测、抽样、验证和修正。首先，读者预测语篇中的语法结构，运用他们的语言知识和语义概念，从语篇结构中获取意义，因此语篇必须含有意义并且是用功能健全的语言表达。随后，读者从书面符号中抽样以证实他们试探性的预测。读者在阅读时不断地从三种可利用的信息中抽样，即字形读音、语法和语义。字形读音信息取自书面符号，语法、语义信息则要靠读者的语言能力。在抽样的过程中，读者不必看清每一个字母与单词。换言之，读者只选择读物中能证实他的预测的线索。读者的句法、语义知识层次越高，他们抽样的选择性便越强。抽样后如果预测的意义被证实，读者将对随之而来的内容进行新的猜测；如果他提取的样品不产生意义，或者预测的书写符号输入没有出现，则需要从读物中提取更多的信息，以修正错误的预测。

有学者提出了概念能力、背景知识和处理策略的三角模式。所谓概念能力是指读者能否将阅读时输入的零碎信息迅速汇集成概念的能力；所谓背景知识是指读者的常识和有关某一领域或话题的知识；而处理策略指的是阅读能力的各方面，既包括句法、语义及篇章结构的知识，也包括各种阅读技能如“略读”和“查读”等。在阅读中，三者互相作用，让逻辑思维能力和背景知识来赋予文字以意义。自上而下模式认为，读者不是被动地接受文字信息，而是依靠读者本身因素主动地理解读物。因此，自上而下模式是一种读者驱动型的阅读模式。

自上而下模式有很多不同的变化，从总体而言，它们的特点可以归纳为以下几点：认为阅读是一种主动在读物中寻找意义的思考过程；强调读者已掌握的知识与技能在理解中的作用；认为阅读是有目的性与选择性的，读者只专注于实现他们目的而必不可少的方面；认为阅读有预见性，已掌握知识与对理解的期望、阅读目的之间相互作用，使读者能预见读物的内容。

3.互动模式

互动模式包括各种各样的理论，其中图式理论是影响最大也是最著名的一种。图式理论认为“阅读图式”可以分为语言图式、内容图式和形式图式三种。

语言图式是读者掌握的语言知识以及运用语言的能力，指读者已有的语言知识，即语音、词汇和语法等方面的知识。

内容图式指读者对语篇内容的熟悉程度，即狭义的背景知识。它由两个方面的内容构成：一是关于某种文化或亚文化的生活方式、社会制度等方面的知识；二是语篇中涉及的有关本学科或专业方面的知识。一般来说，读者的背景知识越丰富，就越能将注意力集中在高级阶段的信息处理和提出假设上，从而更好地理解文章。充足的背景知识甚至可以对较低的语言水平产生一种补偿效应，也就是说，背景知识可以在一定程度上弥补语言水平的不足，以保证顺利阅读文章。

形式图式指读者对语篇结构的熟悉程度，即人们通常所说的语篇知识。有研究表明，以时间顺序为结构的叙述文和单向性结构的描述文比其他结构顺序的课文更容易记忆。这说明对文章结构的了解确实能增加读者对文章内容的吸收。还有人发现一般到具体结构的论说文比具体到一般结构的论说文更易于理解。

在认知过程中，图式的主要作用是用来说明人的理解过程。人的理解过程实质上是一种释义过程。“释义”时需要个体已有图式中相关知识的参与，通过分析、推理、对照、综合等心理过程，运用和贯通知识，从而解决问题。具体到阅读活动来说，图式理论认为，阅读对象即文章本身不具有任何意义。意义蕴藏在读者的脑海里，取决于读者阅读过程中对大脑中相关图式知识的启动情况。一个读者读了一篇文章，说明读者具备与该文章相关的图式，并且这个图式提供了与该文章的各个方面一致的解释说明。阅读理解就是选择和激发能够说明输入信息的图式与变量约束的过程，也就是说，阅读理解首先是输入一定的信息，然后在记忆中寻找能够说明这些信息的图式，当找到足以说明这些信息的图式或者是将某些图式具体化以后，就产生了理解。在理解过程中，加工的层次是循环递进的，随着阅读行为的不断进行，更高层次的图式被激活，理解的循环就走向更高的水平，产生对句子的理解以及对语段与篇章的理解。

图式的类型多种多样，每个人的大脑中都储存有许许多多的图式。认知心理学认为，图式的启动存在着两种情况，一种是自上而下，一种是自下而上。概念驱动是一种预期驱动，就是说，顶层的图式知识可以用来对读物进行预测。例如，一篇文章或一本书的题目，从表面上看只不过是几个字，但它从心理上唤起了一系列关于该文或该书所述主题的图式知识，从而激活了一系列低层次的图式。而低层次的图式活动又可以引起高层次的图式反应，因为这些较低层次的图式是较高层次图式的一部分，这种自下而上的启动又称为材料驱动，是一个由部分到整体的过程。自上而下和自下而上的启动并不是彼此孤立、毫不相干的。相反，这两种启动方式往往是在各层次同时发生并相互补充的。当文章的信息与读者的图式知识相吻合时，自上而下的概念驱动可促进两者的同化。当文章所提供的信息与读者的心理图式不吻合时，自下而上的材料驱动将发挥作用，帮助读者利用已有的知识，选择合理的解释。同时，这两种运作的相互补充作用对于读者的阅读理解有非常重要的意义。读者丰富的图式知识可以弥补其低层次的字面解码能力的不足。相反，若读者缺乏相应的图式知识，则可通过对字面的解码来获取意义，以丰富其图式知识。图式理论的研究证明，阅读活动是一个不断变化的动态过程，在这个过程中读者已有的图式不断得到补充、调整、修正或否定，从而使其阅读能力不断提高。在阅读教学中，教师应引导学生充分运用已有的图式知识去吸收、掌握新的内容，充实、丰富其图式结构，提高学生的理解能力和阅读速度。

（四）阅读速度与理解准确率

阅读教学的目的首先在于培养学生的阅读能力，而衡量阅读能力的基本标准包括阅读速度和理解准确率。以英语作为本族语的读者通常根据阅读目的、阅读材料的难度以及自己所熟悉的背景知识，以三种速度进行阅读。第一种速度为学习速度，是用来阅读教科书和法律文件等材料的。用这种速度阅读时，理解准确率应为80%～90%。第二种速度为中等速度，是受过教育的本族语读者用来阅读报纸、杂志、小说及故事等日常材料所用的速度。用这种速度阅读时，对理解准确率的要求相应降低。第三种速度为扫读速度，是本族语读者快速浏览所读材料所用的速度，是对理解不作要求时所用的最快速度。用这种速度阅读时，需要降低对于理解的要求。

从本族语人的阅读情况来看，阅读速度和理解准确率之间呈现一种负相关的关系，也就是说，速度越快，理解准确率就越低。但是在外语教学中，由于阅读目的的不同，而且学生的阅读速度也不会像本族语人的阅读那样，速度呈现较大的变化，阅读速度与理解准确率之间的关系则不尽如此。相关研究表明，阅读理解准确率在一定范围内并不受阅读速度的限制。换言之，并不是阅读速度越慢阅读理解准确率就越高。其实，对于英语学习者来说，阅读速度和理解准确率之间存在着相互促进的关系，加深理解可以加快速度，而且加快速度也能加深理解。

三、英语阅读课堂教学

（一）英语阅读课堂教学的内容

阅读技能的培养需要大量的阅读训练活动，各种训练活动要把各种阅读技能综合起来，以便使学生达到更高层次的语言水平。英语阅读课堂教学包括以下五个阶段。

1.准备阶段

本阶段的目的在于培养学生对于阅读材料的预测能力。在阅读之前有必要使学生就自己要读的内容建立一定的预期，并激活相关的背景知识。在此阶段，学生可以进行以下活动：①思考文章中有可能出现的内容；②阅读文章所附的图片和表格、文章的标题，以及文章正文之外的其他部分；③根据文章的标题或者文章的第一行文字预测文章的内容。

2.略读/寻读阶段

略读和寻读是两种不同的阅读方式。在此阶段学生可以进行以下活动：①获得短文或者段落的大意；②辨认主题句和主要内容；③找出最能代表文章主题和结论的段落；④给各个段落选择适当的副标题；⑤使用关键的词汇填充图表或表格；⑥为短文或者段落设计标题；⑦其他与文章的总体结构或内容有关的活动。

3.解码/精读阶段

解码是指根据语境猜测词汇或者短语的意义。解码的过程可以在词、句子以及语篇的层次上进行。解码的程度取决于阅读的目的。而在正常的阅读过程中，一般没有必要进行过于详细的解码；只有当理解的过程被陌生的词汇、复杂的句子结构或者不熟悉的概念阻碍时，读者才有必要进行仔细的研读。

4.理解阶段

在这一阶段，教师要采用各种各样的活动以确定学生是否已经实现了阅读的目的。

5.转移/整合技能阶段

在最后一个阶段，教师要通过各种练习帮助学生突破阅读材料的限制，以进一步强化阅读技能与策略。这些练习包括根据语境猜测词义、获得文章大意、使用词典等。

（二）英语阅读课堂教学的原则

1.因材施教原则

学生个体在很多方面都存在一定的差异，学生的个体差异直接影响了学生的阅读进程。因此，教师应根据不同水平学生的特殊需要，因材施教，尽可能使每个学生都能相应地发展阅读技能。对于一些阅读成绩不佳，甚至自暴自弃的学生，教师可以先给他们提供一些简单的阅读材料，再逐渐加大难度，让学生看到自己的进步，并多表扬他们，以增加学生学习的兴趣和信心。而对于一些基础好的学生，课堂上的阅读是满足不了他们的阅读需要的，教师应向他们布置一些富有挑战性的阅读任务，如介绍和推荐一些世界名著。

2.真实性原则

阅读教学的真实性包括两层意义：阅读材料的真实性和阅读目的的真实性。

（1）阅读材料的真实性

阅读材料的选择要考虑学生在日常生活中的交际需要，从现实生活中选择文体多样、适合学生的语言水平、能吸引学生兴趣的阅读材料。

（2）阅读目的的真实性

任何阅读活动都具有一定的目的，但不论是出于何种目的，都要以真实性为基础。人们阅读可能是为了获取信息或者验证自己已有的知识，可能是为了批评作者的思想或者写作的风格，也可能单纯为了消遣或者打发时间。不同的阅读目的就要求采取不同的阅读方法。

3.调节速度原则

阅读速度和理解能力因人而异。有的学生阅读速度快，理解能力却比较弱；有的学生阅读速度慢，但理解能力强。因此，阅读速度的快慢和理解能力的强弱并没有直接的关系。

调节速度原则要求教师在阅读教学过程中做到张弛有度，根据不同阶段的教学目标做相应的调整，避免因一味地追求提高速度，而忽略了学生对阅读材料的理解程度。

4.培养兴趣原则

学生对阅读是否有浓厚的兴趣直接影响阅读教学的效果。学生对阅读产生了兴趣，便会积极主动地投入阅读学习当中。

5.精读、泛读和快读相结合原则

阅读教学大致可分为三种：精读、泛读和快读。精读能够提高阅读的准确性，其特点是高质量，有助于学生巩固、扩展词汇，提高分析性阅读的能力。泛读则注重阅读的流利程度，增加阅读量，并有助于学生增强语感，提高综合性阅读的能力。快读侧重培养学生的各种阅读技巧，提高阅读速度，具有高速度的特点。

精读、泛读、快读三者相辅相成，精读是泛读的基础，泛读是快读的基础，而快读可以使泛读更广泛，使精读更深刻。只有将三者结合起来运用于阅读教学中，才能真正提高学生的英语阅读能力。因此，在英语阅读教学中，教师除了要加强精读和其他各环节教学外，还要切实抓好泛读和快读教学，对学生进行全面的训练。

第二节　大学英语听力教学

一、英语听力教学综述

听力是生活中最常见而又最容易被语言教学所忽视的一项技能。在 20 世纪 70 年代之前，有关语言教学的研究很少专门探讨听力教学问题。而随着交际教学法的推广，人们开始意识到听力是人的语言水平的重要方面，听力教学逐渐引起人们的重视。各种形式的考试都把听力作为考查的一部分。关于听力教学人们基本达成以下共识：听力材料应该是包括独白和对话在内的、选材广泛的、真实的口语语篇；在听之前，应该首先使学生建立相应的图式；听力的策略要融合于听力的材料之中；要给学生几次听一个语篇的机会，使他们逐渐地形成自己的听力技能，并在每次听的时候逐渐加大听力任务的难度；听力活动要有目的性，学习者要清楚自己要获得什么信息，为什么要获得这些信息；听力活动或者任务要给学生创造积极参与听力过程的机会。

二、英语听力教学的理论基础

（一）听的心理过程

在听、说、读、写四项技能中，听被称为“接受性技能”，但是这并不意味着听就是一个被动接受过程，实际上听是一个非常主动的、积极的信息处理过程。心理语言学的研究表明，听的过程与人的记忆具有密切关系。

外部信息经过感觉器官时，按输入的原样保持极短的时间，这就是感知记忆。感知记忆又被称为映象记忆或瞬时记忆，它是指外部刺激以极短的时间一次呈现后，一定数量的信息在感觉通道内被迅速登记并保留一瞬间的记忆。感知记忆是信息加工的第一阶段。

短时记忆又称工作记忆，是指信息一次呈现后，保持时间在一秒钟之内的记忆。短时记忆与感知记忆不同，感知记忆中的信息不被意识，而且是未被加工的，而短时记忆是操作性的、正在工作的、活动着的记忆。人们短时记忆某事物，是为了对该事物进行某种加工，加工后即被遗忘。如果有长期保持的必要，就须在这一系统内进行加工编码，然后才能被储存到长时记忆中。短时记忆中的信息既有来自感知记忆的，也有来自长时记忆的。因为，当人们需要某些知识、规则时，便从长时记忆中提取，提取出的信息只有回溯到短时记忆，才能重新被意识到和备用。美国心理学家乔治·阿米蒂奇·米勒从信息加工的观点出发，认为倘若人在主观上对材料加以组织，再编码，记忆的容量还可以扩大，并提出了“组块”的概念。所谓组块是指将若干较小的单位联合成熟悉的、较大的单位的信息加工。他认为，短时记忆容量不是以信息论中所采用的比特为单位，而是以组块为单位。一个块可以是一个数字、一个字母，也可以是一个单词、词组，还可以是一个短语。

长时记忆是指学习的材料，经过复习或精细复述之后，在头脑中长久保持的记忆。长时记忆是一个真正的信息库，记忆的容量似乎是无限的，它可以储存一个人关于世界的一切知识，并为他所有的活动提供必要的知识基础。信息由短时记忆转入长时记忆，需要对有关的信息进行组织加工。所谓组织加工就是将材料加以整合，把新的材料纳入已有的知识结构框架之中，或者把材料作为合并单元而组合为某个新的知识框架。信息由短时记忆转入长时记忆时是如何被加工的，采用什么样的形式编码，在很大程度上依赖于材料本身的性质以及个人的个性特点。就语言材料而言，更多的是采用语义编码。

从系统论的观点来看，感知记忆、短时记忆和长时记忆是一个统一记忆系统中的三个不同的信息加工阶段，它们之间不是彼此孤立的，而是相互影响、相互作用又相互联系的。

根据记忆的三个阶段，听的心理过程也包含三个主要阶段。

在第一阶段，声音通过人的感觉器官进入感知记忆之中，并利用听话者已有的语言知识把这些信息转化为有意义的单位。信息在感知记忆中存储的时间很短，听者只有很少的时间对这些意义单位进行整理。在听母语时，这一过程一般都能顺利完成；而在听外语的过程中，当听者设法将连续的语流组织成有意义的单位时，很可能会出现问题。有时听者在处理完现有信息之前，新的信息不断涌入，从而导致听力理解困难。

在第二阶段，信息处理是在短时记忆中完成的，也是一个非常短暂的过程，不超过几秒钟。在这一阶段，听者会把所听到的词或词的组合与储存在长期记忆中的语言知识进行比较，把记忆中的信息进行重组、编码后，形成有意义的命题。听者要对连续性的语流进行切分，切分的主要线索是意义。意义体现在句法、语音、语义三个层面上。在获取意义之后，听者一般会忘掉具体的词汇。在这一阶段，处理速度是至关重要的。已有的信息必须在新的信息到来之前处理完成，这对于外语学习者来说，很容易造成处理系统的信息超载，一个初级的外语学习者往往会因为处理速度不够快而无法从信息中获取意义。随着学习者听力训练的不断增加以及语言知识的积累，大脑对于一些经常听到的信息的处理会成为一种自动化的过程，从而留出更多的空间来处理难度较大或者不太熟悉的信息。

在第三阶段，听者会把所获取的意义转移到长时记忆之中，并与已知信息相联系，确定命题的意义，当新输入的信息与已知信息相匹配时就产生理解。在这一阶段，当形成的命题与长时记忆中的已知信息相联系时，大脑便通过积极的思维活动去分析、合成、归纳，使其成为连贯的语言材料，从而实现意义的重构。

上述过程只是描述了听的过程中信息处理的大体步骤，而实际的过程要复杂得多，因为听的过程中的信息处理并不单纯依靠语言本身。听者必须把语言置于具体的语境之中，才能理解其真正的意义。在听母语的过程中，听者会自动激活他们长期以来积累的文化知识、讲话人的背景等相关信息，而且能够根据以往的经验在一定程度上预测下一步将要听到的内容。他们知道不同类型的人会以不同的方式表达不同的内容，在不同的场合以及讨论不同的问题时使用不同的语言风格。这些知识在上述三个阶段都会起作用。

由此可以看出，听的心理过程具有三个主要特点：第一，听是一个积极的过程。在听的过程中，听者并不是被动地接收信息，而是通过调动大脑中已有的语言知识和背景知识进行积极主动的识别、分析、综合，来理解说话者所传达的信息和意图。第二，听是一个创造性的过程。意义并不是现成地存在于语言材料之中的，不同的听者对于同一个单词或句子可能会有不同的理解。因此，在听力理解过程中，听者需要根据语言材料所提供的线索以及自己的社会经历和背景知识创造性地建构意义。第三，听是一个互动的过程。作为语言交际的一个重要方面，听力理解涉及说话者和听者双方。从某种意义上讲，听力理解是交际双方在相互作用中磋商意义的过程，特别是在面对面的语言交际中，说话者可以通过听者的面部表情和身势语来判断听者是否理解自己的意义，并以此来调整自己的语言。同样，听者可以用语言的或非语言的手段来表明自己是否理解了说话者的意义。

（二）影响听力的因素

由上述听的心理过程可以看出，影响听力的因素是多方面的，概括起来主要包括语言本身的因素、语言背景知识、分析综合能力和心理因素。

1.语言本身的因素

语言本身的因素包括语音、词汇、句法三个方面。听的过程首先是听者对于所听到的语音、词汇、句法的感知、识别与理解的过程，因此听者对语言基础知识掌握得好坏直接影响着他们听力水平的高低。

首先，扎实的语音知识是听力理解的基础。在英语中，有些语音对于中国学生来说比较陌生而且难以区分。当然，口语的理解并不完全依赖于对相似的语音的区分，在许多情况下，上下文的意义可以提供足够的信息帮助听者辨别语音。另外，在英语中，重音和语调也是非常重要的。语言的节奏在很大程度上是通过重读音节的变化来实现的。重读的目的在于表达主要信息。在句子单词没有任何改变的情况下，重读单词的改变往往可以导致整个句子意义的变化。

其次，掌握足够数量的可感知的词汇是听力的基础。对于外语学习者来说，遇到生词往往会导致他们停下来考虑生词的意义，从而错过其他的内容。词汇量的不足有时还表现在学习者词义的掌握过于狭窄，对一词多义不了解，这种情况很容易导致听者的误解。当然，生词并不一定会造成听力的障碍，有时候听者可以根据上下文推断生词的意义；有时候由于生词在整个语篇中不太重要，错过这一单词也不至于导致句子的误解或者不理解。

最后，除语音和词汇知识外，听者还需要具备必要的句法知识，否则，即使听懂话语中的每一个单词，也会因为不了解句子的语法层次关系而对句子有所误解。

2.语言背景知识

语言背景知识对于听者正确地获取信息也是极为重要的。根据图式理论，听的过程就是听者利用大脑中储存的文化背景知识对新的信息进行加工整理的过程。听者需要对所获信息进行分析、选择、整理，从而获取新的知识。在听的过程中，听者会根据这一图式以及听到的内容对先前的预测进行验证并补充其中的部分细节。在听到的内容中，有许多信息是听者已经掌握的，加工整理的重点在于那些未知的新的信息。新的信息越多，处理的负担越重。也就是说，听者已知的信息越多，听力材料的难度就越小。

3.分析综合能力和心理因素

分析综合能力主要体现在听的过程中对语篇的理解方面。对语篇的理解涉及许多因素，在听力理解过程中，随着语篇的展开，听者需要根据语篇上下文，运用积极的认知策略来理解语篇所表达的意义。语篇是由一系列句子构成的，但句子的意义有时要受到语篇宏观结构的制约，对单个句子的理解并不能保证听者已经理解了整个语篇。

听是一种接受性的语言技能，在听力训练的过程中，听者无法控制所听到的材料的难度、速度、语调和节奏。这些客观因素有可能会对听者造成一定的心理压力。因此，在听力课上，学生的心理活动容易处于一种抑制的状态，思维变得迟钝，不容易发挥学生的主动性和积极性，课堂气氛也比较沉闷。另外，一些学生遇到不懂的单词和句子就变得过分焦虑，这会降低信息加工的有效性，加大听力活动的难度。

（三）会话含义

会话含义是语用学研究的重要问题，了解有关的理论知识对于听力教学具有重要意义。在实际的言语交际中，说话者的真实意义有时与所说话的字面意义不一致，会话含义就是指会话中超出语句本身意义范围的意义，即说话人的言外之意。会话中需要人们共同遵守的原则称为“合作原则”，其中包括一系列的会话准则：①量的准则，即说的话应包含需要的信息内容，不多也不少；②质的准则，即说的话应该是真实的，不要说自己认为是假的话，也不要说缺乏足够证据的话；③相关准则，即说的话要与话题相关；④方式准则，即说话要清楚明白，要简练有条理，避免晦涩和歧义。

三、英语听力课堂教学

听力教学的目标是使学生能够恰当、灵活地使用各种听力技巧，最大限度地提高听力理解的能力。但是在真正的听的实践中，学生可能会遇到各种困难。即便学生还不能够完全掌握所学的语法现象和大量的词汇，教师也期望学生能够应对真实的交际环境。这就意味着学生要尽量理解所听到的语音，分辨出相关的信息，了解主要内容，而非逐字逐句地理解。多听可以得到更多的语音输入，而语音输入是语言习得的基础，是交际互动的必要条件之一。教师要培养学生根据不同的语境、输入信息和目的来调整听的行为，帮助学生建立系统的听力策略，并使用适当的策略来应对不同的语境。

（一）听力策略的培养

听力策略是加强听力理解和回忆所听内容的技巧或者活动。听力策略可根据处理信息输入的不同方法来分类，主要包括自上而下和自下而上两种。自上而下的方法以听者为出发点，听者应了解话题所涉及的背景、上下文内容、文章的类型和语言。这些背景知识将有助于听者预测和理解所听到的内容。自上而下法所采用的方法包括抓主旨大意、预测、推理、总结等。自下而上法以文章为出发点，其方法包括听具体细节、辨识单词、了解词序的模式等。

除上述两种具体的方法之外，听力教学还要注意培养学生的元认知策略。元认知策略具有计划性、监控性、反馈评估性的特点。元认知是指一个人所具有的关于自己思维活动和学习活动的知识及实施的控制。它主要包括两大部分内容：对于认知的知识，即个体对认知活动、过程、结果以及与之有关的知识；对认知的调节和监控，即个体在认知活动进行过程中，对自己的认知活动积极进行监控调节，以达到预定目标。简单而言，元认知就是认知的认知，是个体对自己的认知加工过程的自我觉察、自我调节和自我评价。根据此理论，听力教学中的元认知策略要求听者在听前根据其特定的语言环境确定所使用的听力策略，在听时监控他们的听力理解是否准确，所选择的技巧是否有效；在听后评估是否达到了听力理解的目标，是否在听的过程中选择了有效的听力技巧。教师应帮助学生建立系统的听力策略体系，使其能够灵活地使用恰当的策略来应对不同的语境，最终达到加强听力理解的目的。

（二）英语听力教学的阶段

英语听力教学可以分为三个不同的阶段：听前阶段、听中阶段和听后阶段。

1.听前阶段

听前阶段是指学生正式开始听力活动之前的一段时间。在听前阶段，教师需要确定以下几个问题：所听材料的大体内容和听的目的；是否需要补充一些背景知识或语言知识；采用何种方法进行听力训练，是自上而下的方法还是自下而上的方法。在此阶段，教师需要利用各种听前活动尽可能使学生熟悉听力材料所涉及的背景知识，预测将要听的内容并确定适当的听力策略，还要使学生了解所要听的主题、课文的类型以及听的目的。听前的活动主要包括：向学生提供背景知识；让学生阅读一些相关材料；让学生看图画；讨论将要听到的主题；针对将要听到的内容进行问答；介绍听力训练的过程等。这些活动的目的在于帮助学生激活相关的背景知识、预测将要听到的内容、解决可能遇到的语言问题等，以便使学生尽快进入听的状态。

教师在选择和设计听前活动时要注意以下几点：听前活动所占用的时间不要太长，否则会喧宾夺主；要尽可能使学生感到后面的听力活动真实自然，贴近现实生活；要使学生通过这些活动了解听力材料中的交际活动发生的时间、地点、参与的人以及他们之间的关系等各种信息；使学生清楚他们听的步骤。

2.听中阶段

听中阶段是指学生进行听的一段时间。该阶段的目的在于通过学生听的实践以及各种活动培养学生从听到的内容中获取信息的能力，它是整个听力教学的核心部分。

3.听后阶段

听后阶段是指学生在完成听的过程之后围绕听力材料进行各种活动的一段时间。有些听后活动是听前与听中活动的延伸，与前面的活动密切相关；还有一部分活动与前面活动的关系比较松散。听后活动的目的在于以下几个方面：

第一，检查听力理解的效果。在完成听中活动之后，教师可以通过口头给出答案、要求学生相互检查、安排小组讨论、要求学生自己核对教材中所提供的答案等方式检查听力理解的效果。

第二，反思听中过程的成败得失。教师可以根据本课的教学目标，确定某个或几个听力微技能作为培养的重点，结合学生的实际表现培养学生的学习策略，提高学生的微技能力。

第三，给学生机会考虑听力材料中讲话者的态度与方式。在听母语的过程中，听者一般较容易识别讲话者的态度，但是对于外语学习者来说，在听的过程中他们一般把重点放在信息的获取上，而无暇顾及讲话者的态度和方式。

第四，扩展听力材料的主题，顺利过渡到其他的语言技能训练活动中。

第三节　大学英语写作教学

一、英语写作教学综述

在写作教学研究的历史上，研究者从语言、认知、社会等不同的角度对写作的过程进行了多方面的研究，并提出了不同的理论，对英语写作教学也产生了不同的影响。在这些理论中，最引人注意的是关于结果与过程的不同观点。在英语中 writing 一词的含义既包括写作的过程，也包括写作的成果，即作品。因此，我们既可以把写作视为一种结果，也可以把写作视，为一种过程。

当把写作视为一种结果时，研究的重点就主要放在对作文的分析上，包括文章的长度、语言使用的准确性、写作的有效性以及文章的结构。这种影响最早来自罗伯特·卡普兰，他认为作文的结构反映了人的思维模式，而外语学习者用外语所写的作文也会受到本族语文化模式的影响。因此，早期的许多研究都集中在英语与其他语言的语篇结构对比研究上。

写作也可以被视为一种过程。许多研究者认为，写作是一种把思想转化为书面语篇的过程，其中包括一系列解决问题策略的使用和认知活动。为了揭示这些隐藏的心理过程，研究者采用了有声思维、观察以及事后访谈等方法。有声思维的研究方法来自认知心理学，它要求受试者把写作过程中的心理活动用语言讲述出来。写作过程包括计划、用语言表达思想和检查三个阶段。相关的研究表明，写作不是一个线性的过程，并不是严格按照计划、草稿、修改的顺序依次进行的。在很多情况下，作者需要在上述三个阶段进行迂回。作者本身所具有的内部资源与外部环境在写作的过程中相互作用，使得整个写作过程具有交叉互动的特点。

关于写作的结果与过程的两种观点对写作教学都产生了很大的影响，由此产生的“结果教学法”和“过程教学法”一直是近几十年来写作教学的主流教学法。在我国，英语写作教学也经历了一个复杂的过程。我国的英语教学历来就有重视读写的教学传统，许多教师都把读写教学作为英语教学的根本。但是，在强调读写教学时，人们往往强调的是学生阅读能力的培养，而把写作教学放置在一个从属的位置。最近几年，写作教学逐渐成为外语教学研究的热点问题之一，并出现了许多的研究成果。

二、英语写作教学的理论基础

（一）写作的特殊性

如果只将写作等同于一种技能，只用作测试或技巧练习，那是一种浪费。写作是更高级的综合性学习。其教学目的和方法都应有别于其他三种基本技能。

第一，从语言习得的角度来看，写作能力具有特殊性。阅读和写作都和书面语相关，都不能通过语言习得的过程自然获得，需要经过专门的教育与学习。而在读写之间，写作能力的培养则更加具有难度。写和说都属于产出型的技能，但是两者之间也不是完全对等的，会用英语说不一定就会写，因为写作并非简单地将人们说的话落在纸上，学生写作能力的提高不能通过其他语言能力的提高而自然而然地获得。

第二，从语言神经生理基础来看，写作也有别于其他的语言技能。章兼中指出，由于大脑神经细胞的排列和功能不同，听、说、读、写各自在大脑皮质上形成了相对独立的语言区域：听觉性语言中枢、运动性语言中枢、视觉性语言中枢和书写中枢。因此，写作教学有自己独特的活动形式。

第三，从写作的过程来看，写作具有自身的特点。在语言的四项技能之中，说和写属于产出型技能，而听和读则属于接受型技能。因此，与听和读相比，说和写是更主动、更积极的思维活动。与说相比，写作又有自己的特点。口语交际常常受时间和空间的限制，要求说话人立刻做出反应，因此说要求自动化。另外，口语使用的词汇较简单，句子结构较松散，还可以借助于手势、动作表情以及重音、节奏、语调、停顿来加强表情达意。而作为书面语的写作则不受时空的限制，往往有较充分的时间考虑，因此写作是一个自觉的过程，并不要求自动化。另外，写作只能借助文字和符号来表达思想，没有面部表情、手势、身体动作以及语音方面的辅助，也没有即时的反馈。因此，写作要求用词准确，句子结构规范、严谨，段落发展符合逻辑，谋篇布局得当。写作的优势在于作者有较多的时间思考，有时间修改。

第四，从教学过程的心理机制、目的、内容和结构来看，写作也应有别于其他技能的教学。写作活动是属于概念、原理和解决问题的学习，是属于高级阶段的学习，其教学方法自然不能采用初级阶段信号学习或刺激—反应学习的方法。

（二）写作的过程

表达主义者把写作视为与写作结果同样重要的发现真正自我的创造性活动，因此写作教学应该个性化，教学活动要帮助学生发现自我，真正地表达自己的内心情感与思想。由此可以看出，表达主义者更加重视表达的流利性。认知主义者则把写作视为解决问题的过程，这一思想对于第二语言（以下简称“二语”）和外语教学中的写作教学产生了更大的影响。与表达主义一样，认知主义也把写作视为迂回的、个性化的、由内在心理活动引导的过程，但是认知主义更加重视高级思维和解决问题的过程，这些过程包括计划、确定修辞、在一个更大的范围内提出问题、解释定义、提出解决方案，以及产生令人信服的结论等。根据认知主义的思想，过程教学法重在开发学生内在的心理过程，尤其是写作过程中的认知与元认知策略，其教学包括制订教学计划、寻找素材、撰写草稿、修改、合作写作、反馈、反馈后的修改和定稿等阶段。认知主义者认为，从本质上讲，写作是学生自己学会的，而不是教会的。因此，教师在写作教学中应该尽量减少对学生的干预，而是要创造、提供一种鼓励、合作的环境，以帮助学生表达他们自己的意思。

不论是表达主义还是认知主义，它们都注重写作的过程，对写作思维、写作心理、语言机制等深层结构都进行了探索和概括，并建立了独立的写作理论。作者不仅要问自己为什么要写，写给谁看，还要问自己怎样写、怎样开头这样一些关键问题。在过程教学法中，写作被看作一个交际过程，一个发现思想、深化思想、从思想到语言、从内容到形式的转换过程。

写作是一个作者与读者之间的交际过程，其中涉及信息的产生、处理和传递，是一个复杂的感知过程。作者作为写作的主体，要考虑写作的目的，利用个人的社会经历以及以往的知识和经验，作出正确的判断。因此，写作教学不应只注重写作过程中狭义的写作那一部分，还要注意作者因素、写作前准备活动、读者因素和信息反馈。要在写作过程中完成上述交际过程有两个关键因素：一方面要给学生充足的时间进行构思；另一方面要从读者那里获得信息反馈，以便进行修改，使内容和形式臻于完善。

写作是作者发现自己的思想，并使这些思想更加清晰、准确和深化的过程。要做到这一点，作者必须具有丰富的材料，并对这些材料进行比较、分析、综合、抽象和概括。这同时也是一个同化适应的过程，即将新事物同化于作者现有的认识结构，或扩大、改组原有的认识结构以便能包容新认识的事物。写作过程是作者对事物的认识从零散到集中、从模糊到清晰、从肤浅到深刻的渐进过程。

写作是从思想到语言的转换过程。作者要将期望表达的意义转变成语言，转变成视觉符号—文字，不仅需要最大限度地运用自己掌握的语法、词汇知识，还必须掌握有关的文体知识、修辞手法、谋篇布局的技巧，以及必要的社会文化背景知识。言语交际必须考虑可能性、可行性、得体性和发生性。这就是说明，仅仅语法正确还不够，还要生动、得体、富有感染力和合乎习惯。因此，写作自然需要反复推敲、多次修改。除了改正语法、拼写上的错误外，作者常常需要整句、整段甚至通篇打乱顺序重写，直至找到最佳的语言表达形式。

（三）母语与二语或者外语写作

对于母语与二语或者外语写作之间的关系，学界研究的重点主要集中在两个方面，一是母语与二语或者外语写作之间的关系，二是母语思维与二语或者外语写作之间的关系。

前面已经提到，母语对二语学习的影响一直是二语习得研究的热点问题，各理论从各自的角度出发，得出了许多不同甚至相反或矛盾的研究结论。从母语对于二语或者外语写作的影响来看，学界主要有三种观点。

第一种以对比分析和对比修辞理论为基础，认为母语对二语学习的负面影响要大于正面影响，母语文化思维和知识会影响到二语学习者语篇的组织方式，因此学习二语或者外语写作应该尽量克服母语的影响。

第二种以创造性构建理论为基础，认为二语或者外语学习受到普遍语法的制约，对于母语不相同的学习者来说，他们的二语或者外语写作的过程和顺序大致相同，母语对二语或者外语写作没有明显影响。因此，母语对于二语或者外语写作的影响可以忽略不计。

第三种以“深层共享能力”假设为基础，认为母语和二语或者外语在深层次上相互依存，能力共享。因此，母语对二语或外语的正面影响从整体上看远远大于负面影响，母语写作水平的提高有助于二语或者外语写作水平的提高。

母语思维是二语习得过程中的常见现象。母语思维在二语或者外语写作中的作用也引起了研究者的注意。用外语写作文，特别是在外语学习的初级阶段，似乎无法避免以母语为中介，许多人认为用母语思维会干扰外语学习的进步。但是，许多研究的结果表明，在外语写作过程中借助母语思维对提高外语作文质量有积极的影响。例如，在写同一篇作文的过程中运用母语思维多的学生比运用母语思维少的学生在作文的内容、结构和细节上都表现出明显的优势。

三、英语写作课堂教学

（一）结果教学法

早期的英语写作教学理论主要来自经典的修辞学研究。直到 20 世纪 60 年代，英语写作教学的注意力一直集中在文学作品的理解与分析上面，其目的在于通过这些分析使学生掌握各种文体的特征和写作方法，从而能够模仿并写出自己的作品。这种写作教学方法被称为结果教学法。结果教学法是一种基于句子层面的写作教学模式，它强调学生遣词造句的能力，要求加强句子组合和语法练习，是一个从句子入手，发展到段落，再到篇章的过程。学生写作的结果是教师关注的重点。结果教学法的一般过程为，教师首先就某一修辞手段进行解释，然后要求学生阅读一个作品，接着教师会根据前面解释的修辞手段和阅读的作品给学生布置写作任务。在这一过程中，教师有时会给学生提供写作的提纲或者范文。最后教师还要对学生的作业进行讲评。结果教学法被用于二语或者外语写作的教学之中，其重点也在写作成品上，强调语言的正确性、作文的篇章结构和写作质量。

结果教学法是我国目前使用最为广泛的一种英语写作教学方法，国内许多英语写作教材也是按这种教学法编写的。结果教学法在具体实施中存在着很大的差异，总体来讲，这种教学法注重语言知识的运用。就段落来讲，强调主题句、段落的组织与结构，即通过所谓的模式来展开段落。其常见的模式有：事情发展过程、对比与比较、因果关系、分类、下定义等。

结果教学法一般把写作分为以下四个环节。

1.熟悉范文

教师选取一篇范文进行讲解，分析其修辞选择模式和结构模式，介绍修辞特点和语言特点。

2.控制性练习

教师就范文中所体现的相关常见句式要求学生进行替换练习。学生在教师的指导下渐渐过渡到段落写作。

3.指导性练习

学生模仿范文，使用训练过的句式，尝试写出相似类型的文章。

4.自由写作

学生可以自由发挥，使得写作技能成为自身技能的一部分，用于现实的写作。

结果教学法忽视了写作过程本身的复杂性，从而缺乏对学生在写作过程中所遇到困难的了解和认识，而学生的整个写作过程都是在教师的完全控制下完成的，没有自由创作的空间。学生只关心分数的高低，写出的文章常常内容空洞无物、表达平淡无力。

（二）过程教学法

写作的过程教学法是在发生认识论、信息论、控制论以及各种语言理论和教学法的影响下形成的一种写作教学方法。经过教学法专家的探索和实践，特别是经过美国写作协会的大力推广后，过程教学法一度成为最有影响的教学方法。从 20 世纪 80 年代开始，从事第二语言教学研究的学者将过程教学法应用于第二语言的写作教学。在理论上，过程教学法强调思维在写作活动中的重要意义，强调作者的主体意识和能动作用。而在实践上，它改变了以往的写作教学片面强调语法结构、修辞手法和机械模仿的倾向，把实际交际能力和智能的培养放到首位，因而它强调的是写作过程，提倡学习者的合作。

过程教学法最明显的特征就是注重思维训练和作者的能动作用。行为主义心理学认为，一切学习行为都是刺激、反应和强化的过程，因此以此为依据的结果教学法特别强调机械操练的作用。这反映在写作中便是注重分析和模仿文章的语言因素、结构形式，而忽视了作者作为写作主体的思维活动和实际的交际活动。过程教学法把写作看成一个发现、适应、同化的认知过程，因而强调学生要独立思考、收集材料、组织材料、分析材料，并从中发现规律、掌握原理。只有这样，学生才能够创造性地运用语言知识，写出好的文章。除认知理论外，交际教学法也对过程教学法产生了积极的影响。过程教学法把写作教学的内容从单纯的语言知识扩大到语义、文体、语域、社会文化等方面。写作教学一方面要培养学生外语表达的能力，另一方面还要培养他们分析社交场景、读者心理以及交际目的和效果的能力。同时，过程教学法还强调写作的根本任务是交际，是培养学生的思维能力和实际交际能力，因而要尽可能使教学过程生动化、情景化，以创造出适当、自然的交际环境。

第四节　大学英语口语教学

一、英语口语教学综述

口语一直被认为是英语教学的重点之一，但是对于口语技能的本质以及教学方法的认识在近年来经历了许多变化。在 20 世纪 70 年代以前，听说教学法和情景教学法把句型视为英语教学的核心。在 20 世纪 70 年代以后，交际能力概念的提出给教学大纲和教学方法带来了很大的变化，这些影响一直延续至今。交际能力的理论带来的交际教学法、交际大纲、功能大纲、意念大纲以及任务型教学方法都对英语口语教学产生了巨大的影响。在交际教学法的影响下，流利性成为口语教学的主要目标。在日常的交际活动中，两个人或者多个人进行语言交际时，只有部分人知道某方面的信息，于是就产生了信息差。在交际性输出的活动中，只有学生间或者学生与教师间存在信息差，才有可能展开真正的语言交际，否则课堂活动和练习就会成为机械的人为活动。学生要通过参与真正的交际活动来获得口语能力。交际策略是当会话者在没有表达意义所需的语言结构时，试图就意义相互达成的协议，它包括造词策略、替代词策略、释义策略、求助策略等。而交际策略和意义的协商被认为是发展口语能力的必备环节。

在口语教学中，合作式教学法也受到了高度的重视。合作式教学法以学生为中心，采用以学生间的交流与合作为基础的教学模式，注重学生实际交际能力的培养。合作式教学法大量采用对话、小组讨论、角色扮演等课堂活动，与交际教学法中的其他方法相比，合作式教学法更加强调学生间的彼此依赖性和责任感，从而使每个学生始终处于积极的参与状态。荣辱与共、彼此依存、团队交际、相互交流活动和定期总结是合作式教学法最显著的特征。由于组内成员固定而且每个成员在活动中常常担负不同的角色或者任务，因此在采用合作式教学模式的课堂上，小组成员之间必须互相依赖，互相帮助，以共同协作的方式完成教师布置的学习任务。合作式教学法被广泛地应用于课堂教学，尤其是外语教学中。研究表明，合作式教学法能为学习者创造一个轻松愉快的学习氛围。它不仅可以体现教学的个性化，提高学生的学习兴趣和积极性，而且由于它注重学生间的交流互动，非常有利于培养学生的语言交际能力。

全球化进程的不断发展使得英语成为一种国际语言，在此背景下，关于交际能力的概念也得到了发展，成为跨文化交际能力，因为人们要使用英语和来自更多国家、更多文化背景的人进行交流。与此同时，教师应该更多地借鉴会话分析以及语料库分析的研究成果。

总体而言，经过几十年理论与实践的发展，人们对口语教学基本上达成以下共识：口语是英语学习的基础；英语本族语的英语用法和非英语本族语的英语用法都应该在口语教学中得到考虑；课堂教学所使用的材料要以语料库的分析为基础；包括功能大纲在内的交际大纲是主要的教学依据；教师对学生的口语错误要有更高的容忍度，但是口语的流利性和准确性都是口语教学的基本目标；口语能力的获得依赖于学生对于词汇、短语和会话模式的掌握；要注意学生文化意识的培养；成对或者分组活动是口语课堂的主要活动形式。

二、英语口语教学的理论基础

（一）口语表达的心理过程

口语表达在四项技能中属于产出性技能，是一种积极主动地表达思想的心理过程。桂诗春教授综合了国内外心理语言学关于语言产生研究的成果，比较全面地介绍了口语表达的心理过程。下文主要依据桂诗春教授的研究介绍口语表达的心理过程。

言语产生包括两个主要的阶段：制订计划和执行计划。说话人首先根据交际的目的制订说什么的计划，然后再执行所制订的计划。但是这两个阶段并不是截然分开的，在口语表达的过程中，说话者往往是先制订计划，然后在执行计划的同时制订新的计划。

1.制订计划

口语表达是一种目的性很强的活动，说话者总是要为了实现一定的交际目的，如获取信息、提出要求、发出指令、保持社会关系等，针对所要使用的语言手段制订计划。在制订计划的过程中，说话者需要考虑以下因素。

第一，对听话人的了解。说话人需要根据他对听话人的了解以及他与听话人之间的关系确定使用哪一种语体。与关系密切的人讲话和与陌生人讲话所采用的语体有很大的差异。在谈话的过程中，有时还涉及第三方，怎样称呼第三方，也需要说话人根据他对听话人的了解而确定，如可以把第三方称为 your son、that guy 等。

第二，合作的原则。说话人期望听话人相信他们是遵循合作原则的，即会提供足够的信息，所说的话是真实的、与主题相关的，而且表达是清楚的。如果有意违反某一条准则，那就必然有别的说话意图。

第三，现实的原则。说话人期望听话人相信他们所谈到的事实、情况和状态都是可以理解并且合乎常理的。例如，“鳄鱼皮鞋”是指“用鳄鱼皮做的鞋子”或者“鳄鱼牌的鞋子”，而不是“给鳄鱼穿的鞋子”。现实的原则还可以帮助听话人听辨具有歧义的句子。

第四，社会语境。听话人在不同的语境中以不同的身份出现，说话人会根据听话人身份的不同使用不同的语体。例如，两个人是好朋友，在单位又是上下级关系，那么他们在工作期间谈话所使用的语体往往要比下班后的谈话正式得多。另外，在不同的社会语境中，说话人也会根据环境的不同，如在家里、在办公室或在学校等，选择不同的语体。

第五，供说话人使用的语言手段。有很多要表达的内容没有现成的说法，这就需要运用各种语言手段和非语言手段等把它们表达出来。另外，不同的交际方式也会影响到语言手段的使用。

制订计划可以在不同的层面上进行。根据语言的结构，计划的制订可以在以下三个主要层面上进行。

（1）语段计划

说话人必须首先确定他要参加什么样的话语活动，如讲故事、和别人对话、描述一个事件、争论一个观点等，不同的语篇具有不同的结构。一个故事需要包括时间、地点、人物、情节等不同的要素。而会话型的语篇需要解决的是怎样使参与会话的人的话语相互配合，以达到交际的目的。会话的过程涉及怎样开始一段会话，怎样进行讲话，怎样结束一段会话。要开始一段会话，讲话人必须要引起听话人的注意，并表达要进行会话的意图，从而构成一个“召唤—应答”序列。在这个序列里，召唤者首先提出会话的题目。说话者如果需要描述景物，就要解决以下几个问题：在什么层面上进行描述，如可以先说“It's a very beautiful place.”然后对具体的景物细节进行描述。包含在一个主题下的内容有很多，讲话人还要确定哪些内容应该包括在描述的范围之内。内容确定之后，还要确定描述的次序，是由大到小，还是由小到大；是由左到右，还由右到左；是由远及近，还是由近及说话人还要确定被描述的各个部分是如何发生关系的。

不论是会话型还是独白型的语篇，其结构都包括两种：一种是层次的结构，说话人必须根据说话的意图决定什么时候开始、如何进行、应该重点突出什么、在什么时候结束等。另一种是局部的结构，说话人必须根据整体的层次结构，对句子进行计划，因为该怎样说往往是根据对方的语言来确定的。

（2）句子计划

在制订句子的计划时，说话人需要考虑三个方面的问题：命题内容、言语行为和主题结构。

①命题内容

命题是意义单位，反映了说话人要表达的思想，是句子计划的核心。有时一个句子只包含一个命题，如“He is having lunch.”。有时一个句子会包含多个命题，如“The beautiful lady,killed her cruel husband.”，这个句子包含三个命题“ The lady is beautiful.”“Her husband is cruel.”“The lady killed her husband.”。

②言语行为

在决定了命题之后，说话者还要考虑这个命题是用来做什么的。选择言语行为对语言交际来说至关重要，这在很大程度上取决于说话人要实现的交际目的。同一个言语行为还可以用不同的表达方法来实现。因此，在制订句子的计划时，说话人需要考虑采用什么言语行为以及用什么样的方式来实现这一言语行为。

③主题结构

句子的主题结构主要涉及两个方面的问题：一是主语和谓语的问题。主语是陈述的对象，说话人要说的东西；谓语是对主语的陈述，说明主语是什么或者干什么。在语言使用的心理过程中，主语是储存在记忆中的主体，而谓语则是关于这一主体的一个事实。二是已知信息和未知信息的问题。在一般情况下，已知信息在前，未知信息在后。例如，“He has gone to Shanghai.”在这个句子中，he是已知信息，说话人和听话人都知道该词所指代的对象，而后面的部分为新的信息，是听话人未知的信息。这种情况在独白型的句子中表现得比较明显，而在会话型的语篇中，已知与未知信息的安排会有所改变，例如：

A：谁去了上海？

B：老王去了上海。

（3）句子成分计划

在对句子的结构进行了计划之后，还要考虑怎样用词来体现这个结构。每一种句子成分的计划都有其独特的问题，限于篇幅，在此不做详细的讨论。

2.执行言语计划

在计划制订之后，语言的产生就进入了执行计划阶段，讲话人会根据前面的计划，通过发音器官发出表示句子和语篇内容的声音。表面看来，执行计划无非就是将言语计划付诸实施，似乎非常简单。其实不然，言语计划的执行要复杂得多。因为人们在执行计划前往往不只是把言语计划全部制订好，还需要根据计划编制一个发音程序，储存在记忆里，让控制发音器官的肌肉按部就班地活动，发出预期的声音。

言语的产生涉及人脑指挥发音器官的肌肉去发出有意义的声音。从现有的心理语言学研究成果来看，发音程序是在不同的层面上计划和形成的。

发音程序的单位可能是语音的区分性特征，如音段、音节、单词以及更大的句子成分。

发音程序有以下几个重要步骤：第一步，选择意义，决定所采用的句子成分应当具有的意义。第二步，选择句子的轮廓，对句子的形式和句子的重音作出规定。第三步，选择实义词并放入句型里面。第四步，构成词缀和功能词。实义词选择之后就要提出功能词的语音形式，提出前缀和后缀。第五步，音段的具体化，通过音节实现音段。言语计划的执行是在一定时间内进行的，因此发音程序不但要规定音段和音段的次序，还要规定其时间和节奏。英语是一种节奏感很强的语言，重读的作用十分明显。另外，当说话语速太快时，就必须决定哪些音段应予保留，哪些应予省略。第六步，把发音程序付诸实施。发音程序是边编制边储存在记忆里的，一旦程序编制完成，大脑就根据程序对发音器官发出指令，规定发音器官应该放在什么位置，怎样协调行动，才能发出某个音段。

（二）影响说的因素

根据口语产生的心理过程，可以看出影响说的因素主要包括心理因素、文化因素、语言因素和背景知识因素四个方面。

1.心理因素

口语表达是一个非常复杂的心理过程，要想顺利高效地完成这一过程，说话者需要处于轻松的、精力集中的心理状况下。紧张、恐惧、焦虑等不良情绪都会影响到口语产生过程的正常进行。

2.文化因素

语言是交际的工具，同时也是一种社会的规约。在不同的文化中，人们在什么时间、什么地点、面向什么人、用什么样的方式、讲什么样的话都有固定的规则和习惯，外语学习者需要学习并掌握这些规则和习惯才能有效地使用语言进行交际。

3.语言因素

语言是由语音、词汇、短语、句子和语篇构成的，足够的语言知识是口语表达的基础。说话人要掌握一些常用的习语和句型。每种语言都有一定数量的习语和基本句型，它们往往是一些常用的具有特定意义的句子、短语甚至单词，学习者要熟记，而不必进行语法分析，这样可以在使用的时候张口就来，提高口语的流利程度。

4.背景知识因素

学者在对听力教学的研究中指出，学生知识面的宽窄直接影响他们听力理解的能力的高低，学生熟悉的内容听起来会更加容易。同样，背景知识也会影响到学生的口语表达。口语交际要做到言之有物，首先要求学生具备相关的知识。

（三）会话结构

口语表达能力主要指参与会话的能力，因此会话结构分析对于口语教学具有重要的指导意义。对于会话结构的研究可以从两个方面入手。一是从整体上看一个完整的会话过程是怎样构成的，即会话是怎样发展的，这是对会话整体结构的研究。二是研究会话的局部结构，一次会话活动是由参加者一次接一次的发言所构成的，一个参加者的发言和另一个参加者的发言之间有什么联系，如何构成连贯的话语，这是会话的局部结构所要解决的问题。会话结构的研究涉及的内容很多，在这里只介绍一些基本的概念。

1.预示语列

会话是一种最基本的语言使用方式，任何会话都要实现一定的交际功能，以言行事，如请求、邀请、宣告等。在以言行事前，说话者可先用某些话语进行试探，看可否向对方实施某一言语行为。说话者所讲的这些话就是预示语列。例如：

（1）请求前语列

A：Do you have the blackberry jam?

B：Yes.

A：Okay.Can I have half a pint then.

B：Sure.

（2）邀请前语列

A：What are you doing?

B：Nothing.

A：Want to play chess?

B：Sure.Why not?

2.插入语列

典型的会话格式之一是一问一答，始发语一般是个疑问句，而应答语则要求根据始发语所表达的言语行为做出反应。但是在实际的会话中，人们往往会在这一问一答之间添加插入语列。例如：

A：Are you coming tonight?（Q1）

B：Can I bring a guest?（Q2）

A：Male or female?（Q3）

B：What difference does that make?（Q4）

A：An issue of balance.（A4）

B：Female.（A3）

A：Sure,you can.（A2）

B：I'll be there.（A1）

在上述会话中，Q1 和 A1 构成一个问答，但是其中插入了另外三个回合的问答，Q2—A2，Q3—A3 和 Q4—A4 都是插入语列。

3.话轮转换

会话的特点就是两个和两个以上的人在一起轮番说话，A 先说，说完后 B 接着说。会话中，每个人一次说的话，称为一个话轮。话轮与话轮之间的转换常出现在会话的转换关联位置。这个转换关联位置指一个话轮单位可以识别的终止位置。这种转换单位必须能够预测它的终结位置，能够在单位以内具体表明终结时邀请某一个人接着说话。

选择一个说话者的具体方法包括：提问加称呼语，如“What happened,Tony?”“Tony,tell us what happened.”；陈述句尾加称呼语，如“But,Tony,what you said is not right.”；各种证实听到和理解的话语，如“Who?You did what?”“Pardon?”等。

话轮转换的规则可以简要地概述如下（其中，C 指当前说话者，N 指下一个说话者）：第一，如果C在当时的话轮中选择N，那么C必须停止说话，而N必须接着说；第二，如果C没有选择N，那么会话中C以外的其他参加者可以自我选择，谁先说话，谁就占据了下一个话轮的机会；第三，如果C没有选择N，也没有其他参加者做自我选择，那么C可以继续说话。

4.会话的总体结构

会话应有一个总体结构，用于不同目的、不同环境下的会话会呈现出不同模式。例如，打电话时总是以开场白作为开始，然后是一个或者几个话题的对答，最后以交换告别语而收尾。告别语和预示收尾的词语使收尾显得自然协调。

（四）英语口语的语言特点

语言有口语和书面语两种表现形式，口语是语言存在的最基本形式，是第一性的，也是语言最活跃、最富有生命力的表现形式。口语与书面语之间具有许多共同之处。这些特点在语音、词汇、句法、语篇等各个层次均有所体现。

口语的特点首先表现在它是有声的，主要作用于人的听觉系统，依靠语音的变化来表达意义。口语的重音、节奏、语速、语调等都可以表达丰富的意义。一个句子中一般有一个和多个调核。所谓调核就是指一个语调组中说话者所要表达的最重要单词的重读音节，它一般充当句子的信息中心。调核位置的调整是一种常用的有效表达意义的手段。

三、英语口语课堂教学

（一）“互动式”口语教学实践

该口语教学实践采用互动式的教学模式，充分利用教材现有的资料进行有效的整合，充分考虑学生的学习兴趣，所设计的内容与学生的日常生活密切相关，侧重培养学生的英语口语表达能力。“互动式”口语教学实践同时结合听、读、写等各项技能，充分发挥小组合作的优势，使学生真正成为学习的主体。“互动式”口语教学实践的整个课堂条理清晰，层次分明，教学步骤十分紧凑，具有很强的操作性，课堂评价贯彻始终，自主学习、探究性学习与合作学习相结合，不仅培养了学生主动探究和自主调控学习策略的能力，还有助于使学生获得成就感。

（二）“3P”口语教学实践

该口语教学实践采用 presentation、practice、production 的“3P”教学模式，以学生的多种参与形式为手段。“3P”口语教学实践使学生对课题的表达有所了解，同时在谈论课题的语境中掌握了 when、while、after、before 等词引导的时间状语从句的用法。此外，该教学实践也十分重视语音、语调，采用多种策略达到训练学生纯正发音、流利对话的目的。

（三）“任务型”口语教学实践

该口语教学实践活动通过小组合作的形式组织口语练习，为学生提供了极大的语言使用空间和自由。“任务型”口语教学实践在刺激学生表达欲望的同时，还通过学生间的互相帮助提高了学习的效率。学生在完成任务、展示讨论成果中获得了满足感和成就感。而话题中的对比主题也提升了学生分析、对比、辩论的能力，提高了学生用英语分析和解决问题的综合能力。

第五章　大学英语教材与师资队伍的构建

在大学英语教学中，教材与师资是必不可少的两大组成要素。大学英语教材不仅需要具备其他学科教材的特点，还需要承载着本身语言输出材料的功能；教师不仅需要具备普通教学能力，还需要具备高超的专业能力。

第一节　大学英语教材体系的完善

一、大学英语纸质教材

大学英语纸质教材是高等院校开展英语教育教学工作的重要媒介。

（一）大学英语纸质教材的优势

1.笔记记录，强化理解

大学英语纸质教材是英语教学工作重要的辅助性教学工具，能够通过书页中优质的内容来满足学生的学习需求，提高教学质量与效果。目前，在大学英语纸质教材的应用过程中，学生能够对教材内容进行勾画，如对重点的词汇、句型进行批注，并对教师讲解的重点与难点内容进行记录。学生在记录过程中能够逐渐掌握课程内容，增强对英语知识的理解与记忆。

2.错误较少，权威性高

纸质书籍的出版需要经过编辑、校对等多个环节，因此其内容的准确性较高。与其他普通书籍相比，大学英语纸质教材承担着重要的英语教学工作，其内容的出错率相对来说更低，权威性更高。这就使得教师能够在教学工作中以书本为主要的教学依据，在权威教学内容的指引下完成教学工作，将权威性的知识与观点渗透到教育教学中。

3.沉静内心，缓解疲劳

纸质教材作为传统的教学工具，需要学生在一个相对安静的空间中完成教材的学习工作。大学英语纸质教材能够帮助学生沉静内心，在对文章的深度阅读中强化学习效果。此外，与网络教材相比，纸质教材对于学生视力的损伤较小，能够有效地保护学生的视力，且学生能够在学习教材内容的过程中缓解疲劳，避免用眼损伤，有利于学生的健康成长。

（二）大学英语纸质教材面临的挑战

1.课堂应用程度不高

如今，随着信息技术的普及与应用，我国高等院校在开展大学英语教学过程中呈现出教材与多媒体设备共同辅助教学的现象。多媒体设备的应用拓展了学生的知识面，并且多媒体设备能够通过音频、影视资料等提高学生对于教学内容的专注度。在实际教学过程中，多媒体教学手段的优势使得目前高等院校教师在授课过程中主要借助多媒体设备进行教学，大学英语纸质教材则处于一种可有可无的状态。大学英语课程结束之后，学生通常会选择卖掉教材或者丢弃教材，这就使得大学英语教材不仅存在着在课堂中应用程度不高的问题，同样也面临着资源浪费的问题。

2.内容过多，查询效率低

大学英语纸质教材主要采用单元模块的形式来进行教学内容的整合。但是在实际的教学工作中，由于时间限制，并不能实现所有单元模块的教学，教师只能选择相对重要的单元模块进行教学。同时，在信息化背景下，网络软件能够对英文文章中的单词与句型进行即时查询，而纸质教材单词查询主要依赖单词表。若学生在使用教材的过程中单一地进行单词表的查询，容易消耗大量的时间，且单词表也并未实现单词解释的全覆盖。可以说，传统的纸质教材在内容呈现上有一定的限度，且在实际的查询过程中会消耗学生大量的时间，重点词汇与句型的查询面临着效率低下的问题。

3.时效性较短，教学资源难以长期保存

由于各个学期的教学时间有限，教材仅在教学时期的应用性较高，在其他时间存在价值便会降低。与专业教材相比，大学英语教材是公共类教学课程所使用的教材，导致学生不愿留存相应的空间去对其进行保存。同时，在信息化背景下，电子英语教材具备即时查询的优势，学生能够在任意的时间与地点进行学习，学习的资源内容也能够通过数据记录实现长期保存，这就使得纸质教材在教育中的存在价值更低，面临着存续与长期发展的危机。

（三）信息化背景下大学英语纸质教材的优化

在信息技术的冲击与影响下，我国大学英语纸质教材面临着适用性逐渐降低的风险与挑战，这就需要对大学英语教材的纸张质量、页面大小、内容承载力等方面进行优化与改进，并且将信息化时代衍生出来的新媒体技术应用到教材中，以此来提高大学英语教材的使用价值，避免教材资源的浪费。

1.内容优化

信息技术的发展为大众带来了便捷的信息内容与资源，同时也对纸质教材的存续与发展产生了一定程度的影响。因此，大学英语纸质教材需要不断优化内容，充分发挥纸质教材的优势。大学英语纸质教材的内容需要契合每个学期实际讲授的课程内容，可以将单元模块进行整合优化，对于不必要的内容进行删减，以此来提高教材纸张内容的承载力，减轻教材的整体厚度，用核心内容的呈现来保障教材的教学效果。同时，大学英语纸质教材需要优化纸张质量，强化纸质的韧性，提高纸质教材的保存价值。

2.个性设计

在信息化背景下，个性化、多样化的新媒体产品逐渐渗透到大众的日常生活中，这就需要在大学教材设计与优化的过程中，将纸质教材与新媒体技术进行融合，从而提高纸质教材的应用价值。例如，在大学英语教材的编排过程中，可以将与课程内容相关的拓展内容以二维码的形式标注在单元模块中，学生能够通过“扫一扫”的形式对课程的拓展内容进行学习。这样就能构建起一套立体化的纸质信息化教材，满足学生多元化的英语学习需求。另外，教材也需要进行个性化的功能设计，如在教材附录之后附加与课程内容相关的游戏、立体纸质工艺品等内容，使学生能够通过个性化游戏、纸质作品的制作进一步加深对英语知识的印象，最大限度地发挥大学英语纸质教材的功能。

3.提高价值

大学英语纸质教材需要对教材内容进行改进与创新，通过创新性的内容来提高收藏与记录价值。一方面，选择契合时代热点的内容作为教学内容，如将相关热点事件编排进教材，使得英语教材成为记录时代热点与新闻事件的“历史书”，从而提升其保存价值。另一方面，基于环保理念对书籍的纸张进行开发与利用。例如，运用环保材料印刷教材，将混合多种材料的纸质教材进行再加工，以此来提高纸质教材的纸张韧性及环保性等。

4.技术融合

随着科学技术手段的不断创新与发展，我们迎来了信息化时代。大学英语纸质教材要实现创新与发展，就需要同信息技术融合。一方面，纸质教材需要与电子教材充分融合，这样学生就能够基于自身的时间与地点来选择适宜的教材进行学习。另一方面，纸质教材需要通过电子设备的应用来进行教材功能的开发与拓展。例如，将纸质教材的信息录入信息系统，通过接触性的点击工具点击书本上的内容，使相应的电子信息设备能够即时呈现书本上词汇、短语、句型的翻译与解释，以此来提高信息查询效率，增强学生对于英语教材的使用能力。

（四）大学英语纸质教材的编写原则

大学英语纸质教材的编写需要遵循如下原则。

1.思想性

语言是思想教育的载体与媒介，这就要求大学英语教材的编写要做到思想性。一般来说，大学英语教学中的思想教育需要大学英语知识教学与技能教学的帮助。因此，必须处理好彼此之间的关系。

2.灵活性

大学英语纸质教材在编写过程中需要保持灵活性，即教学内容的灵活与教学方法的灵活。

从教学内容上说，大学英语纸质教材在编写中要给教师留有余地，允许教师根据课程需要改进内容。

从教学方法上说，大学英语纸质教材应该为教师提供多种方法，让教师可以自主选择与取舍。

3.科学性

大学英语纸质教材在编写过程中要坚持科学性，即要符合如下几点要求。

第一，在内容上要做到循序渐进，符合教学大纲的要求。

第二，教材要与不同阶段学生的需求相符。

第三，纸质教材的内容、目标等要形成一套系统，体现教学大纲的要求。

4.文化性

语言与文化密切相关，因此大学英语教材的编写离不开文化内容。也就是说，大学英语教材不仅涉及语言知识与技能，还涉及语言背后的文化，从而不断扩大学生的视野，加强学生对不同文化的理解和包容。

二、大学英语网络教材

进入21世纪，由于科学技术的迅猛发展，高校的教学方式、教学手段和教育技术都发生了前所未有的改变，在英语教学方面最令人瞩目的就是网络版大学英语教材的应用。网络出版在大学英语教学中发挥着越来越重要的作用。

（一）大学英语网络教材的形式

网络出版是指互联网信息服务提供者将自己创作或他人创作的作品经过选择和编辑加工，登载在互联网上或者通过互联网发送到用户端，供公众浏览、阅读、使用、下载的在线传播行为，作品主要包括已正式出版的图书、报纸、期刊、音像制品、电子出版物等出版物内容或者在其他媒体上公开发表的作品，以及经过编辑加工的文学、艺术、自然科学、社会科学、工程技术方面的作品。网络出版在大学英语教学中有以下出版形式。

1.电子课本

出版者在网站上发布已数字化的课本内容，学生和教师利用个人电脑有偿或无偿在线下载所学的网络版教材，做电子笔记。

2.电子阅读图书

出版者将英语的图书内容制作成电子文本，学生可以用网上交易形式付款下载，进行离线阅读；教师能向学生提供一种动态的立体信息组合，并通过超链接加入相关的各种知识和信息。

3.测试与评分

在大学英语教学中，网络出版还包括了测试与评分。利用网络试题库提供的试题，学生可以在学校局域网上进行测试，教师可以组织几个教室的学生同步测试，根据教学进度和学生学习英语的情况自主选择单元、题型、测试的时间等。

（二）大学英语网络教材的特色

经过几年的不断改进，当前国内应用的网络教材精彩纷呈，各具特色。总体来看，与传统的纸质教材相比，大学英语网络教材具备以下主要特色。

1.教材无纸化

教材无纸化的实现不仅提高了教材的使用效率，节约了木材资源，保护了环境，还加快了教材的更新速度，提高了教材的更新效率，降低了更新成本，是教材史上一次里程碑式的改革。

2.人机对话

网络教材能够培养学生的自主学习能力。网络教材对课程内容有充分的讲解，在很大程度上充当了教师的角色，让学生体验在没有教师的环境下自主学习，提高了学生的学习主动性和自主性。网络教材提供的英语人机对话训练功能提高了学生学习的积极性，充分解决了口语教学中教师不足的窘状。

3.自主测试、评估

网络教材配备了试题库，能够做到自由组卷，实时判卷，生成成绩单、学生测试情况分析报表，给教师提供了非常有效、方便的教学评估工具。教师通过单元测试可以了解学生的学习状况；学生通过自我测试不仅可以了解自己的真实水平，而且可以立即知道正确答案，便于迅速掌握正确知识。

4.学习资源多样化

多媒体技术的发展实现了音频、视频立体化，为学生提供了全方位的信息刺激。网络教材提供了丰富的多媒体教学资源，包括文本、音频、视频、图形图像等教学资源。另外，多媒体技术的运用，使得网络教材更加形象化，增加了学生学习的乐趣。

5.跨时空交流

师生之间、生生之间脱离时空限制而相互交流是建构主义提倡的教学方式。网络课程平台为师生提供了交流平台，为交际教学法等多种英语教学方法提供了有效的教学应用平台。

6.记录、监控学习过程

记录、监控学习过程是网络技术的优势之一。利用信息技术的记录、监控功能，学生可以检查自己的学习进度；教师可以检查、监督学生课后的学习情况；学校可以了解全校师生的教学情况，适时对教学状况作出评估。

7.实现教学模式变革

网络教材使大学英语教学由单纯的课堂教学模式向自主学习、协作学习、模块学习等教学模式转换，成为建构主义、认知主义、行为主义等英语教学理论的实践平台。

（三）大学英语网络教材的优势

大学英语网络教材丰富了教学内容，有利于充分发挥情景教学的优势，激发学生的学习兴趣。在单纯使用纸质教材的传统教学模式下，英语教学课堂信息量的输入常常依赖教师的板书，占用大量课堂时间，影响教师与学生的互动。而网络教材将图像、声音、文字有机地结合在一起，使教学资源丰富、形象、生动，增强了学生对所学教材的热情，使学生由被动学习向主动学习转变，把传统的以教师为主导的知识传授转变为以学生自学为主的学习模式。在使用网络教材授课的过程中，教师是一个管理者和引导者。

大学英语网络教材能充分、有效地照顾到学生个体的学习需求。通过网络，教师可以解答学生的问题，还能对成绩相对较差的学生进行个别辅导。学生可以选择自己方便的时间和地点进行学习，可以有选择性地购买学习资料，满足自己的需要。

大学英语网络教材为教师提供了丰富的、高质量的电子教案。传统的个人纸质教案往往是个人成果，是教师按照自己对知识内容的理解和教学设计编写而成的。纸质教案不能即时共享和修改，内容也不够丰富、生动。而电子教案可以即时共享，还可为教师提供不同版本、内容丰富、涉及面广的资源。教师可以选择性应用并修改，融入自己的教学理念。

大学英语网络教材有利于培养学生的创新能力和自主学习能力。教师使用传统的大学英语教材时，教学内容以教材为中心，局限于课本知识，侧重于学生对课本内容的掌握，不注重教学过程与学生能力的培养；而大学英语网络教材的内容以学生为中心，以学生的自主学习为主，不受教师与课堂限制，有利于师生建立平等互助的关系。

（四）当前我国大学英语网络教材建设的不足

由于我国网络教材的建设时间较短，与国外发行的网络学习系统相比，目前现有的大学英语网络教材在实际应用上还有许多不足，具体表现在以下几方面。

1.软件技术方面

（1）系统稳定性不足

网络教材系统存在稳定性不足的缺点，如系统经常崩溃、学生上网数据统计不准等。系统稳定性的不足给教学带来了不便，影响了学生学习积极性。

（2）软件部分功能不足

目前，网络教材普遍存在统计管理功能不足、自测功能不足等问题，需要继续完善。

（3）不具备开放性

网络教材的单元内容固定，各校不能根据自己的特色进行二次改进。

2.教材内容方面

（1）学习素材资源少

网络教材提供的学习内容是纸质教材内容的数字化与注解，缺少与其相关的背景知识等外延素材，与教材内容相关联的信息资源少，需要教师补充，没有实现网络教材应有的许多功能。

（2）学习内容难易不均

各家出版社出版的教材内容难易、专业偏重不同，如有些文章词汇远超出大纲规定，有些单元的文章难度超出所学级别等。

（五）我国大学英语网络教材的发展趋势

近年来各大出版社更新的大学英语网络教材和市场上各类英语网络学习平台体现了大学英语网络教材的一些发展趋势。

1.系统稳定

稳定的系统是学校层面用户的首选要求。稳定的系统对学校来说不仅仅是易于维护，还在于能增加师生使用网络教材的信心和兴趣。我国现行的大学英语网络教材都是边使用边完善的，应用过程中不时会出现各种小问题，而这些小问题恰恰使一些有抵触情绪的师生产生了更多抵触心理。所以，未来的网络教材需要优先考虑如何保障系统稳定性。

2.易操作，人性化

友好、人性化的操作界面能增加应用者的认同感。网络教材应该简单易学、操作方便，这不仅能让初学者减少畏惧抵触心理，还能极大地提高应用者的学习兴趣。

3.开放性

只有开放性的教材才是通用的教材。各校的学生层次、学科方向皆有不同，不可能有一套能够完全满足所有高校要求的通用教材。所以，网络教材应该让各校教师根据各自特色进行二次开发，增加各学校特色内容。

4.教学评估功能强

大学英语网络教材应充分发挥计算机的统计功能，精确统计学生与教师学习、应用网络教材的情况，给学校各级管理层提供及时、精确的评估数据。

5.教学资源素材丰富

网络教材应具有与教材各单元知识相关的丰富素材，给师生提供更广阔的知识扩展空间。

（六）大学英语网络教材的开发

开发和出版网络教材是信息化背景下大学英语教材建设的必然趋势。新的大学英语网络教材的开发与编写应将计算机网络技术与大学英语课程整合，全面把握学生的学习动机、学习需求和学习心理等因素，建立一个总体的教学过程模式，指导整个教材的设计。新的大学英语网络教材要将听、说、读、写、译融为一体，成为一个综合性的大学英语教学系统。

1.灵活运用各种教学理论

大学英语网络教材的开发应有理论基础，本着兼容并包的态度，创造性地采用语言学、二语习得、教育学、心理学等理论的一些基本教学方法、策略，形成一套符合中国大学英语教学实际的学习和教学策略。例如，适当的母语参与在语言学习活动中可以产生语言习得的正迁移作用，也为学生的语言输入提供认知导向作用。我们不应盲目套用某种教学理论来指导大学英语网络教材的开发，要从我国大学英语教学的实际出发，综合运用各种教学理论，总结我国大学英语教学的独特经验，编写和出版符合我国大学英语教学实际的网络教材。

2.培养综合运用能力

大学英语网络教材的编写要注重有意义的信息输入，尽可能开展有意义的语言实践活动，逐渐让学生形成以听说能力为重点的英语综合运用能力。大学英语网络教材要充分利用计算机技术创造适合教学内容的语言环境，以便增强教师的讲解效果，既解释疑难，又唤起学生的学习热情，提高学生的学习兴趣。大学英语网络教材的编写要充分发挥网络教材易于变更的优势。及时的内容变化和更新使教材与时俱进，更加先进灵活，符合实际，具有可操作性。大学英语网络教材要充分利用计算机网络技术进行广泛的、个性化的语言体验活动，将个性化学习、情景化学习、自主化学习、协作化学习贯穿其中，让教师和学生的作用发生根本性的变化。大学英语网络教材要以语言有声交流为起点，进行有意义的语言信息输入、多种形式的互动交流学习，循环利用各种教学手段，以期培养学生较强的听说能力和英语综合运用能力。

3.体现个性化的教学理念

大学英语教学改革要求进行个性化的教学，大学英语网络教材的开发应体现个性化的教学理念。教材的个性化与教学大纲密不可分。目前，英语教材从“一纲一本”发展为“一纲多本”，这是一个很大的飞跃，但“一纲多本”还是很难做到教材的个性化。不管什么版本的大学英语教材都是以一个大纲为指导，词汇、语法、结构等都不可能超过大纲规定的范围，只是编写形式有所不同。大纲本身的不足会在教材中反映出来，编者很难跳出原有框架，编写出个性化、有特色的教材。“一纲多本”的盲目性较大，如大纲对词汇提出了一般要求、较高要求和更高要求，但我国的地区差别较大，远不止这三个等级。只有在多种大纲的指导下，才能开发出符合学生实际需要的个性化教材。

大学英语网络教材具有传统教材所不具备的优势，受到了广大教师和学生的欢迎。现有的大学英语网络教材还存在一些不足，还远远没有发挥网络教材应有的优势和作用，这对于当前计算机技术的超强功能来说实在可惜，因此开发与出版新的大学英语网络教材刻不容缓。因此，要把计算机网络技术完全融入大学英语教学，真正发挥现代信息技术的功能，利用灵活多样的现代教学手段，把学生学习英语的内在主动性调动起来，强化大学英语教学效果。

三、大学英语语料库的构建

语料库是指按照一定的语言学原则，运用随机抽样方法，收集自然出现的连续的语言文本或话语片段而建成的具有一定容量的大型电子文库。

（一）语料库的类型

1.通用语料库与专用语料库

依照数据的来源渠道，语料库可以分为通用语料库和专用语料库。

通用语料库一般范围较大，主要搜集某一种语言常见的口、笔语形式，在取样的过程中会将口语、笔语的地域变体、社会变体等考虑进去，从而有效掌握各种语言使用场合的平衡关系，力求最大限度地代表一种语言的全貌。

当前，具有代表性的通用英语语料库有英国国家语料库、美国国家语料库等。人们可以运用该类语料库对语言全貌进行描述，对工具书进行编制，对语言用法进行审核等，还可以发现某些专门语料库所具有的语言特征。通用语料库是非常庞大的，涉及多种类型的文本，人们也可以对其进行分解，获得多个专用型语料库。例如，可以从英国国家语料库中将所有与新闻语言相关的文本抽取出来，形成一个专用语料库，即新闻英语语料库。

专用语料库又称为“专题语料库”，即人们基于某一目的，对某一特定领域中的相关语料文本进行搜集，构建的一个专门的语料库。在实际研究中，专用语料库往往会与通用语料库作比，从而总结特定领域的语言特征。另外，人们也可以应用这一类型的语料库，对某一领域的工具书进行编制。

2.共时语料库与历时语料库

依照数据时间跨度的不同，语料库可以分为共时语料库和历时语料库。

共时语料库由同一时代的语言使用材料汇集而成，便于研究者总结特定时期的语言特征。

历时语料库由不同时代的语言使用材料汇集而成，便于考察语言发展变化的阶段性特征与规律。

3.口语语料库与笔语语料库

依照数据语言存在形式的不同，语料库可以分为口语语料库和笔语语料库。

口语语料库既包括口语转写而来的文本，也包括语音文本，可以将其与通用语料库或笔语语料库进行对比分析，研究语调、停顿、重复、修正等口语语言特征。

笔语语料库取材于书籍、报刊、书信、学术论文等。相较于口语语料库，其获取的难度较小，因此其规模要比口语语料库更为庞大。

4.本族语者语料库与学习者语料库

依照数据来源（即语料产出者的身份），语料库可以分为本族语者语料库和学习者语料库。

本族语者语料库的语料全部来源于某种语言的母语使用者，可以用于分析母语使用者的语言特征及其变化规律。

学习者语料库的语料全部来源于某种语言的非母语使用者，可以用于考察非母语使用者二语习得过程中的语言特征及其影响因素。

5.单语语料库与双语语料库

依照语言类别及其对应性，语料库可以分为单语语料库和双语（或多语）语料库。

单语语料库只包含一种语言的语料。根据语言原创性，单语语料库又可分为单一原创语言语料库和单一翻译语言语料库。

双语（或多语）语料库包含两种（或两种以上）语言的语料。根据不同语料之间的翻译对应性，双语（或多语）语料库又可分为翻译语料库、平行语料库和类比语料库。翻译语料库包含从不同源语译入同一译语的语料；平行语料库包含一种源语及与其对应的译语的语料；类比语料库包含一种源语原创语言及与其对应的译语原创语言的语料。

（二）语料库的特点

语料库是按照一定的语言学原则，运用随机抽样的方法，收集自然出现的连续的语言运用文本或话语片段而建成的。通常具有以下特点。

1.代表性

语料库对于其应用领域来说，要具有足够的代表性，才能保证基于语料库得出的知识具有较强的普遍性和较高的完备性。

真实的语言应用材料是无限的，因此语料库样本的有限性是无法回避的。语料库在选材时要尽量追求语料的代表性，要使有限的样本语料尽可能多地反映无限的真实语言现象的特征。语料库的代表性不仅要求语料库中的样本取自符合语言文字规范的真实的语言材料，而且要求语料库中的样本来源于正在“使用中”的语言材料，包括各种环境下的、规范的或非规范的语言应用。

语料库的代表性还要求语料具有时代性和流通性，能反映语言的动态变化、流通状况和当代的语言生活规律。只有具有代表性的语料库，才能让计算机了解真实的语言应用规律，才有可能让计算机不仅能够理解和处理规范的语言，而且能够处理不规范的但被广泛接受的甚至包含有若干错误的语言。

2.可机读性

在信息技术时代，语料库中的语料必须以电子文本的形式存在，并且能够被计算机程序检索与处理，从而便于进行语言分析和语言学研究。可机读的语料库一般具备以下两大特色。

其一，可机读的语料库更加便于检索，即便是上万字的材料，也可以在数秒中完成。

其二，可机读的语料库更加便于添加新语言信息。语料库往往处于动态更新与变化中。

3.真实性

语料库中的语言材料往往是人们实际运用的材料，因此语料库具有真实性，这一特点也恰好决定了语料库语言学研究的真实性。同时，这一特点还对语言教学产生了巨大影响。

根据克拉申的可理解性输入假设和斯温的可理解性输出假设，二语学习者为了能够内化知识，实现知识的可理解产出，往往需要接触大量的真实语料，甚至需要置身于目的语环境中。但是，二语学习者往往很难在目的语环境中学习，因此需要通过语料库来广泛地接触目标语。

需要指出的是，可理解性输入往往具有选择性。这就要求目的语教师充分利用语料库中具有代表性的语料，并结合自身教学的实际情况，深化知识，力求为学生提供最优化的输入。

4.结构性

语料库在建设时具有一定的结构和明确的选材标准或原则，通过预设的分类指标，科学合理地确定各种类型的语料在语料库中的比例。语料库是有目的地收集的语料的集合，不是任意语言材料的堆积，因此语料库要具有一定的结构。语料库的逻辑结构设计要确定语料库子库的组成情况，定义语料库中语料记录的代码、元数据项、每个数据项的数据类型、数据宽度、取值范围、完整性约束等。

5.规模性

大规模的语料库对于语言研究，特别是对于计算语言学的研究具有不可替代的作用。但随着语料库的增大，垃圾语料带来的统计垃圾问题也越来越严重。而且，当语料库达到一定的规模后，语料库的功能并不会随着其规模同步增长。我们应根据实际的需要来决定语料库的规模。

四、大学英语教材的多维度开发

大学英语教材的多维度开发需要考虑两个问题：一是开发的主体是谁，二是开发哪些维度。

（一）开发主体

在整个课程教学活动中，教师居于主导地位，对整个教学活动有着重要意义。教师也是教材多维度开发的主体。

虽然大学英语课程都配备相应的教材，但是这些教材内容繁多、零散，大学英语教师不仅需要将教学内容加工成与学生密切相关且操作性极强的任务，还需要激发、组织学生积极参与具体的课堂教学实践，引导学生完成学习任务。作为课程的实施者，大学英语教师需要不断适应既定课程，了解与挖掘课程设计者的主旨与意图，从而针对现有学生的水平与接受能力，设计恰当的课程资源，提升自身的教学实践能力。

（二）开发维度

1.语言维度

语言是一切教材内容的载体，涉及的领域非常广泛，大体可以划分为两种：语言内容与语言技能。前者包含语音、词汇、语法、话语、语体，后者包含听、说、读、写、译等。这些内容纷纷呈现于教材的各个角落，并渗透于各种解释、课文、练习中。因此，就语言维度来说，大学英语教材的多维度开发大体需要考虑如下几个问题。

第一，教材是否符合学生的学习需求。

第二，教材是否包含语音训练，如连读、重音等训练。

第三，教材中词汇的数量是否恰当，难度是否得当。

第四，教材中词汇的呈现是结构化的呈现，还是任意形式的呈现。

第五，教材中包含了哪些语法项目，是否设计了专门的语法练习。

第六，教材是否充分覆盖了听、说、读、写、译这些项目，是否考虑了这些项目的融合。

2.内容维度

就内容维度而言，大学英语教材的多维度开发需要考虑教材中是否包含情感、文化层面的内容。语言与情境有着密切的关系，语言不能脱离语境而独立存在。如果教材开发者仅仅将语言视作抽象系统，那么教材将很难提升学生在具体语境中的语言能力。这就要求教材必须呈现真实的语言运用内容，并融入一定社会文化主题，真正提升学生的语言运用能力。

3.结构维度

教材内容是根据一定结构排列的，但是不管选择何种内容用何种形式进行排列，都需要考虑学生学习的目的。大学英语教师需要从学生的接受水平、认知能力出发，选择合适的内容组织教材，在具体的实践中不断调整教材的顺序与进度，以满足学生的实际需要。

4.能力维度

在交际中，知识与能力有着密切的关系，但是二者的获取途径存在明显差异。知识往往通过呈现、发现等手段获得，即便学生当时学会了，以后也可能会忘记；能力依靠具体联系获得，学生一旦掌握了，就很难忘记。在大学英语教材的多维度开发中，教师除了设计学生需要的语言知识、社会文化知识外，还需要设计相应的语言技能训练。这是因为，语言技能是学生学习的最终目的。具体来说，大学英语教师应该在教材中呈现听、说、读、写、译这五项技能，并保证听力材料、口语材料的真实性与恰当性，阅读材料的地道性与充足性，写作材料、翻译材料的适切性等。

第二节　大学英语教师专业素质的提升

在新时期，大学英语教师不能再单一地对学生进行知识层面的教授，而要有自我理解，即教师在实践中的建构与反思。需要指出的是，大学英语教师素质的发展过程、方向等对所处环境有所依赖。因此，从全新的视角对大学英语教师的角色和素质进行审视有着一定的理论价值与意义，有助于提升大学英语教师的专业能力。

一、大学英语教师的角色定位

在当今社会，教师扮演着十分重要的角色，他们以各种方式组织学生参与教学活动，并引导学生在自己设定的教学环境中展开探索。

（一）大学英语教师的传统角色

在传统的大学英语教学中，教师扮演了两种重要的角色：一是知识的复制者，二是知识的传授者。

1.知识的复制者

在传统的大学英语教学中，教师的工作就是将书本知识原封不动地传授给学生，对教师教学效果的评价主要看教师能否把书本知识传达准确、到位。显然，基于这样的观念，大多数教师从书本内容出发展开教学，成为英语课本的复制者。

但在新环境下，教学过程被看作师生互动的过程。就建构主义学派的观点来说，这一过程是师生对客观事物的意义加以构建的过程，并且是合作性的构建，而不是单纯地对客观知识加以传递。

在大学英语教学中，教材、教参等是重要的资源，师生需要对这些资源进行开发，尤其是教师，其需要对这些资源加以分割与整合，之后通过与学生的互动，将固有内容转化成丰富的、可供学生理解与接受的知识。将教材静态的知识转换成动态的资源，将枯燥的课堂转变成生动的课堂，最终目的都在于帮助学生获得知识。就这一角度而言，学生固然是知识的构建者与参与者，但教师更应该成为资源的积极构建者。也就是说，教师的角色应该发生改变。

2.知识的传授者

传统的大学英语教师多采用灌输的手段进行教学，认为教材是学生获取知识的对象，教师是将这些知识灌输给学生的人，将教学简单地视作知识传递的过程。这种对知识过于重视而忽视具体能力的教学方法，势必会造成教学过程的重复、单一，也会制约教师的创新意识与研究精神，让教师的教学思想与观念更加保守、陈旧。

（二）大学英语教师的新角色

大学英语教师的传统角色已经很难适应当今社会的需要。在这个多元化的社会，教育应具有多样性，教师也应被赋予新的角色。

1.知识与技能的引导者

（1）语言知识的诠释者

大学英语教师是英语语言知识的诠释者，他们必须具备渊博的知识。简单来说，大学英语教师需要对英语专业知识有系统、全面的把握，并能够从这些知识中分析出语言现象。一般来说，英语教师需要掌握的专业知识包括理论知识、语境知识、实践知识等，囊括了语音、词汇、语法、语篇、文化等知识。大学英语教师只有掌握了这些知识，才能解决学生学习中遇到的各种实际问题，帮助学生提升自我，实现更好的语言输出。

（2）语言技能的传授者

除了英语知识，大学英语教师还需要熟练掌握语言技能，并且将语言技能传授给学生。一般来说，语言技能包括听、说、读、写、译五项。大学英语教师要想提高教学质量，就必须熟练掌握这五项技能，并且保证五项技能的有机结合，从而提升学生的语言综合技能。

（3）课堂活动的组织者

无论是大学英语教学还是其他学科教学，课堂活动都是必不可少的。课堂教学是大学英语教学的重要载体与媒介。大学英语教师要想提升自身的教学质量，必须设计出合理的课堂活动，如辩论、对话等，让学生参与其中，为学生提供真实的语言训练机会，提升学生的语言表达能力。在活动过程中，学生会不断加深对英语语言知识与技能的印象，巩固自身的知识体系。

（4）教学方法的探求者

大学英语教师在大学英语教学中不能仅使用一种教学方法，还应该创新教学方法，使课堂更有趣，成为教学方法的开发者与设计者。与其他学科教学相比，大学英语教学具有极强的实践性，因此其与教学方法的关系更为密切。

大学英语的教学方法有很多，如语法翻译法、交际法、任务法、情境法等。这些教学方法有利有弊，大学英语教师需要考虑教学的实际情况以及学生的实际水平，选择适合的教学方法组织教学，有时候甚至需要多种方法并用，从而达到最佳的教学效果。

2.多元文化的理解者

（1）多元文化的驾驭者

在多元文化背景下，大学英语教师对多元文化的驾驭能力对大学英语教学有着直接影响。多元文化背景下的大学英语教师应该具备多元文化教育观。教师应该对教材进行谨慎的选择，消除各种存在文化偏见、文化歧视等内容的教材；选择一些视听材料、课外书籍，对教材加以补充，增进学生对其他族群的认知与了解；选择一些观点上保持一致的教材，避免使用一些本身存在认知冲突的教材；选择的教材要避免在概念、教学活动中掺加有偏见的成分。

另外，大学生们来自不同的地区，拥有不同的文化背景，使用的语言也必然不同，因此教师需要考虑不同学生的特色，实现师生之间的有效交流。

（2）多元文化环境的创设者

学校的文化环境会对学生的学习产生影响，因此教师要努力创建多元文化教育环境。

师生间的人际关系对学生的成绩具有重要影响。文化的差异、教师的偏见容易造成师生之间的隔阂与误解。这种隔阂与误解会对学生的自我观念产生负面影响，让学生受到挫折，甚至感到孤立无援。因此，师生之间要构建信任关系。

教师还要尊重、关怀学生，对学生的文化背景有充分的了解，不断搜寻相关信息，并将这些相关信息自然地融入教学中。

（3）中西文化差异的解释者

在多元文化背景下，大学英语教师充当了中西文化差异的解释者角色。中西方的文化传统不同，价值观、思维模式也存在明显差异，而这些差异成为学生跨文化交际的障碍。就社会文化角度而言，语言属于一种应用系统，具有独特的规范，是文化的重要组成部分。因此，在大学英语教学中，大学英语教师除教授英语知识与技能以外，还需要教授文化背景知识，实现英语知识、英语技能、文化背景知识三者的融合与补充。

就语言文化知识的内容而言，大学英语教师除了要教授本土文化知识外，还需要讲授西方文化背景知识。中西方文化的差异性主要体现在风俗习惯、思维模式、价值观念等层面，而这些差异在语言上有明显的呈现，因此大学英语教师应该充当中西方文化的解释者，将中西方语言的差异解释给学生，让学生在了解这些差异的基础上掌握好英语语言。

需要指出的是，教师在充当中西方文化的解释者这一角色的时候，对中西方文化要保持中立态度。文化没有优劣之分，因此大学英语教师在选取素材时，应该尽量选择那些不会对其他文化造成伤害的素材，避免引导学生对某些文化产生偏见，从而使学生对不同的文化有清楚的认识。

（4）本土文化知识的传授者

大学英语教师既是知识的引导者，也是文化的传承者。他们应该将本土文化知识融入课堂教学，与学生展开平等的交流，从而为大学英语教学提供更为广阔的空间，同时构建和谐的师生关系。

在大学英语教学过程中，大学英语教师应该对学生在社会中获取的本土知识予以尊重，而不是一味地否定或者贬低。教师可以引导学生对本土文化知识与书本知识进行比较，培养学生将本土文化知识与书本知识紧密融合的能力，从而完善自身的知识体系。

3.网络技术的应用者

（1）语言单元任务的设计者

要想实现单元教学目标，就必须对单元任务进行设计，这是大学英语教师的一项重要任务。学生通过教师设计的任务，不仅可以拓宽自己的语言知识面，还能够提升自身解决具体问题的能力。因此，在英语教学中，语言单元训练任务的设计是非常重要的。

教师可以在网上设计相应的单元任务，让学生在规定的时间内完成，最后提交任务的完成结果。另外，通过网络，学生可以根据自身的实际情况选择教师设计的任务，遇到问题时也可以与教师或其他同学进行网上交流，最后呈现自己的作品或观点。显然，这种方式不仅锻炼了学生的英语语言水平，还有助于提升学生的学习兴趣和积极性，加强学生之间的交往与合作。

（2）有效主题教学模式的设计者

在新形势下，大学英语教学要求教师不断探求新的教学模式与方法。具体来说，大学英语教师需要发挥网络的优势，提升学生学习的效率。大学英语教师在设计主题教学模式时，应该选择学生感兴趣的话题，并且整个教学过程都围绕这一主题开展，让学生以小组合作讨论的形式完成任务，最后提交讨论结果。

针对大学英语教师设计的主题，学生能够在网上找到丰富的资料，如这一主题的文化背景与发展动态，然后进行总结与归纳，进而在网上互相讨论。这样的教学模式实际上帮助学生摆脱了课本的限制。

另外，在设计有效主题教学模式时，大学英语教师要尽量链接一些有效网址，帮助学生接触更多的国内外文化知识。大学英语教师还可以下载一些前沿性的资料，以吸引学生，提升他们的求知欲。当然，对于一些敏感性的话题，大学英语教师要进行正确指导，避免学生出现文化偏见。

（3）学生网络学习的帮助者

在大学英语教学中，网络能够起到监督的作用。通过网络，大学英语教师可以对学生的学习过程有所了解与把握，从而帮助学生学习。大学英语教师是学生进行网络学习的帮助者，尤其对于学习能力较弱的学生而言，大学英语教师更是发挥着重要的作用。他们通过学生浏览网页的记录情况，了解学生是否参与其中，从而清楚学生在学习中遇到的困难，帮助学生解决实际的问题。

另外，不同的学生遇到的困难不同，因此大学英语教师应该给予分别指导，促进不同层次学生各自的进步。大学英语教师对学生网络学习的帮助，不仅有助于提升学习能力较强学生的英语水平，还有助于避免学习能力较弱的学生产生畏惧心理，帮助不同层次的学生解决不同的问题，真正帮助他们实现有效的自主学习。

二、大学英语教师的素质要求

英语教师的素质在一定程度上决定了教学质量。当前，社会、学校及家长对于英语教学提出了更高的要求，新的教学手段、教学理论的不断出现也要求英语教师不断提升自身素养。

（一）语言素质

大学英语教师在语言上必须有较高的素养。具体来说，大学英语教师的语言素质包括扎实的语言专业知识和较高的语言技能。要想顺利地开展英语教学工作，英语教师不仅要具备系统的英语语音、词汇和语法知识，还要有良好的听、说、读、写能力。其中，教师要有较高的口语水平，以便在课堂上用流利地道的英语讲课。对于我国学生来说，缺乏真实的英语语言环境始终是英语学习的一大障碍，所以教师应该为学生尽可能多地提供使用英语的机会，为学生提供高质量的语言输入。同时，教师如果具备较高的口语水平，也会被学生树立为榜样，这对学生的英语学习有一定的激励作用。

在英语教学过程中，教师要想传授给学生足够的语言知识，自己必须先具备充足的知识。总之，教师的语言素质是开展英语教学的基本保障。

（二）理论素质

语言素质是大学英语教师基本的素质，是向学生传授语言知识的基本条件。然而，英语教学是一项实践性较强的活动，所以它要求教师还应具备一定的理论素质。英语教学的理论大体包括现代语言学理论、教育学和心理学理论、外语教学理论。

1.现代语言学理论

要成为一名合格的大学英语教师，获得良好的英语教学效果，教师就应掌握系统的现代语言学理论知识。对于大学英语教师来说，要顺利地开展教学工作，不仅要了解语言的本质特征、交流能力的本质、语言理论的发展趋势，还要利用语言方面的知识指导英语教学。大学英语教师不需要成为英语语音、语法、词汇、语义和语用方面的专家，但必须熟悉这些领域的最新研究成果，并且能在大学英语教学中加以运用，以便提高英语教学的效果。

2.教育学和心理学理论

英语教师如果仅具备一定的英语语言学知识而没有一定的教育学理论，并且缺乏相关的心理学知识，那么在英语教学过程中很容易忽视学生。因此，大学英语教师掌握一定的教育学和心理学知识也是必要的。英语教学属于普通教育，所以教师需要掌握一般的英语教学规律和基本教学原则，熟悉英语教学组织的步骤，以便提高教学组织能力和教学实施能力。

学生是英语教学的对象，并且会出现在整个教学过程中，与教师展开各种交流，因为所有学生都会有各自的心理特点，所以教师应具备一定的心理学知识，以更好地与学生展开交流，促进英语教学的顺利展开。

3.外语教学理论

外语教学理论也是英语教师提高理论素质的一个方面，具体涉及外语习得理论知识、外语教学法知识等。现代英语教学法有很多，但不管什么方法，都会有各自的使用范围，所以大学英语教师要全面了解英语教学法的起源、特点、优势及缺陷。也就是说，教师在教学过程中不但要注意整体教学方法的多样化，还要根据每位学生的不同特点，不断调整教学方法，而不是一个方法用到底。

（三）师德素质

师德是大学英语教师不可忽视的一个素养，也是大学英语教师从事教育活动的动力源泉。教师的师德具体体现为对学生的热爱、对事业的忠诚、对教学执着的追求和人格的高尚。教师的师德直接影响着学生的成长，因此大学英语教师在日常工作中要有理想的信念，有科学的世界观、人生观、价值观，忠于人民的教育事业，具有爱岗敬业的奉献精神，热爱学生。可以说，英语教师只有懂得奉献，体现公正，具有责任感，才能实现言传身教。

（四）心理素质

心理素质是对人的性格、情感和意志的总体反映。在大学英语教学中，有着良好心理素质的教师更容易受到学生的喜爱和欢迎。随着社会的发展、科技的进步，大学英语教师除了要面对繁重的课业压力，还要关注学生的生理和心理健康，所以教师必须提高自己的心理承受能力，培养自身良好的心理素质。

（五）人格素质

人格素质也是大学英语教师应具备的一个重要素质。一名优秀的大学英语教师应该具备成熟的思想观念、明确的动机态度以及正确的价值取向，这也是塑造现代英语教师人格的基本要求。

（六）科研素质

对传统的英语教学来说，英语教师只需具备一定的语言水平和教学水平即可。然而，现代英语教学要求教师既要有基本的语言水平和教学水平，还应有较强的教育科研意识和科研能力。优秀的英语教师不但是英语教学的实践者，还应该是英语教学的科研参与者，是英语语言教学与学习规律的研究者。

（七）驾驭教材的素质

英语教材是开展英语教学的基础，也是英语教学内容的重要载体。一名合格的大学英语教师应该熟练驾驭所用教材。也就是说，教师要具备对英语教材的使用和评价两种能力。

1.对教材的使用能力

对于教材的使用，教师应该具有以下几项能力。

（1）补充或删减教材内容

英语教师在使用教材时应该根据实际教学情况，对教材内容做适当的补充或删减，以便更贴近学生的实际生活，满足学生的需要。当然，对内容的补充或删减并不是任意进行的，要在保证不影响教材完整性和系统性的前提下进行。必要的时候，英语教师可与学生进行协商，决定是否补充或删减某些内容。

（2）扩展教学内容或者活动步骤

有时，大学英语教材中的教学活动的难度会与学生的实际水平不符，从而造成教学活动效果不佳的问题。因此，教师有必要根据英语教学的具体情况和需要，适当调整教学活动的难度。如果教师认为教材中设计的教学活动太容易，那么可以对活动做适当的延伸，如在阅读理解的基础上，增加词汇训练、展开讨论或辩论，甚至可以进行写作训练等；如果教师认为教材中设计的教学活动太难，那么可以适当增加一些有提示性的步骤，降低活动的难度。

（3）替换教学内容和活动

在英语教学过程中，教师偶尔会遇到教学内容、教学活动不适合教学实际情况的现象，此时就需要教师对这些内容、活动进行替换。例如，英语教材中的作文题目不适合学生，教师就可以自己设计一个题目进行替换。

（4）调整教学方法

不同的英语教学方法有各自的优点和不足，适用的范围也不同。受客观条件的影响，学生的英语水平存在较大差异，加之教学具体情况不同，因此英语教材中推荐的教学方法不一定适用。此时，教师可以根据具体的教学情况，对英语教学方法进行调整，以获得更好的教学效果。

（5）调整教学顺序

英语教材对教学顺序的安排有时会出现不合理的情况，所以教师可以结合教学实际情况进行调整。为了提高学生的英语学习兴趣，教师在调整教学顺序时应将教学内容与社会现实生活有机联系起来。此外，教师在调整教学顺序时，应注意教学内容之间的关系，遵循循序渐进的原则，不可随意调整。

（6）对教材使用情况进行总结

当某英语教材使用了一段时间之后，大学英语教师应该对其使用情况加以总结，目的是评价该教材使用的效果。在对教材的使用情况进行总结时，大学英语教师应考虑如下几个问题：教师和学生对此教材是否满意？使用此教材进行教学是否实现了设定的目标？使用此教材是否有利于提高英语教学的效果？在使用此教材时发现其中有哪些优点和不足？此教材的哪些方面需要进行调整？

2.对教材的评价能力

学生在学习英语的过程中会接触大量的语言材料，不仅会使用英语教材，还会使用一些辅助材料。因此，英语教师还有一项重要的责任，就是帮助学生找到合适的教学材料，这就需要教师具备一定的教材评价能力。英语教师的教材评价能力主要体现在以下几个方面。

（1）教学的指导思想

英语教学思想可以在宏观上指导英语教材的编写。在评价教材时，教师应该首先评价教材体现的教学指导思想，分析其思想是否与学科的最新研究成果相吻合。教学指导思想具体涉及对语言的认识、对语言学习的认识以及对语言教学的认识。

（2）所采用的教学方法

英语教学方法决定了教师要如何教和学生要如何学，它可以为教材内容的选择、安排以及教学活动的设计提供具体依据和参照。因此，教师在对教材进行评价时，要看其是否体现了先进的教学方法。当然，教材编写应该以某种教学方法为基础，同时吸收其他方法的长处。

（3）教材内容的选择与安排

教学内容的选择与安排往往决定了教师要教什么和学生要学什么。教材内容的选择与安排应该以英语教学的目标——培养学生综合运用语言的能力为基准。然而，英语语言能力的形成是以基础语言知识、基本语言技能、学习策略、情感态度、跨文化意识以及英语能力为基础的。因此，大学英语教材必须涵盖以上内容。英语教师评价教材的内容应该看其是否符合语言学习过程的基本规律。

（4）教材的组成部分

一套完整的英语教材应该是由教师用书、学生用书、练习册、多媒体光盘、录像带、录音带、卡片以及挂图等组成的立体化教材，这些部分各有侧重、各有特色，构成了教材有机的整体。

（5）教材语言素材的真实性、地道性

英语教学的目的是培养学生用英语进行交际。因此，教师在教学过程中应该重点教授那些可以在交际中使用的语言。也就是说，英语教材中选择的语言要与现实中使用的语言基本一致，具备真实性和地道性。

（6）教材的设计

英语教材的设计主要涉及教材的篇幅长度、版面安排、开本大小、图文形式、色彩以及媒介形式等。

三、大学英语教师专业素质的提升路径

在新形势下，大学英语教师的专业发展面临着专业意识欠缺、专业能力薄弱等问题。对此，教师应该提高自身的专业意识，增强自身的专业能力，大胆反思，从而成为适应当前社会需要的高素质教师。

（一）提高专业意识

当前很多年轻的教师教学时间短，缺乏教学经验，也没有太多参与课题研究的机会，因此经过一段时间的教学工作后，往往产生厌烦情绪，这都是自我专业意识薄弱的表现。因此，大学英语教师应该不断提升自身的专业意识，具体而言可以从如下两点着手。

1.理想意识

教师的理想意识对教师的专业发展起着十分重要的作用，为教师指明了前进的方向。大学英语教师只有具备了热情，才能富有积极性，才能具有专业认同感，才愿意在自己的工作中付出努力。

2.科研意识

大学英语教师要记录专业中的关键事件，与自我专业发展保持对话，并对未来的发展规划做出适当的调整。大学英语教师要在思想上重视科研，在理论上不断加强学习，获得科学的理论指导，不断提升自身的问题意识与思考意识等，真正地投入科研活动中，并为大学英语教学研究贡献自己的一份力量。

（二）提升专业能力

1.实行专业引领

一般来说，教学专家、资深教师等可以起到专业引领的作用，普通大学英语教师要向他们学习，接触先进的思想与经验，从而推动自身的专业化发展。一般来说，专业引领要做到以下两点。

第一，发挥引领人员与普通大学英语教师的能动性与积极性。不同的引领人员所侧重的层面也必然不同。科研专家对教学理论非常注重，因此其在引领上更注重理论与实践的结合。骨干教师注重教学实践，因此其在引领上更注重具体操作。但是无论是哪一种引领，他们都需要具备较高的引领能力，既能够在理论上进行指导，还能够在具体操作中提供建议。普通大学英语教师应该积极配合专家与骨干教师，认真听取他们给予的建议，并择优采纳，从而分析与总结自身的教学问题，对自己的教学活动进行反思，提升自身的专业素质。

第二，要保证内容、目标等的正确，采用恰当的方法。不同的大学英语教师存在着个体的差异，专业发展水平不同，因此在进行专业引领时，引领人员需要考虑不同教师的具体情况，针对不同的教师制订与他们相符的方法，从而实现专业引领的合理性与有效性。

专业引领具体可分为以下三步。

首先，阐述教学理念。在很大程度上，大学英语教师的教学行为会受到教学理念的影响，因此在专业引领中，专家、骨干教师等应该尽可能引导普通大学英语教师熟悉与掌握先进的教学理念，具体可以采用讲座或者报告等形式。

其次，共同拟定教学方案。当普通大学英语教师掌握了先进的理念之后，专家、骨干教师应该与普通大学英语教师共同探讨先进的教学方案。在这一过程中，专家、骨干教师不仅是引领者，还需要对普通大学英语教师的教学设计提出建议、给予指导，从而让普通大学英语教师的教学设计更为完善。在专家、骨干教师等的引领下，普通大学英语教师能够顺利地制订出与教学理念相符的教学方案，并将这一方案付诸实践。

最后，指导教学实践。大学英语教师在制订了教学方案之后，就需要将其付诸实践，从而对教学方案进行验证。在验证时，专家、骨干教师应该参与其中，对教师的教学行为进行记录，从而与具体的方案对比，找出差距。在教师下课之后，专家、骨干教师与普通大学英语教师要进行分析与探讨，对教学方案进行修订，从而使方案更完善、更切合实际。

2.提高实施能力

英语教师的教学实施能力是教师专业素养的核心部分，是在教师专业知识的基础上促进教师专业理念、专业智慧生成的根基。大学英语教师必须在扎实掌握英语专业知识的基础上，切实将所学的学科知识、教育理论转化为从师任教的行为方式。

英语教师的教学实施能力指英语教师为保证教学成功，达到预期目的，对整个教学活动进行计划、控制、检查、评价、反馈和调节的能力，包括以下三部分内容。

第一，对教学活动进行事先计划和安排。

第二，对教学活动进行有意识的监察、评价和反馈。

第三，对教学活动进行调节、校正和有意识的自我控制。

教学活动包括的内容和涉及的因素多种多样，因此大学英语教师的教学实施能力也具有多方面的内容和多样化的表现。大学英语教师需要通过课堂实践，探索既符合先进教学理念，又符合英语教师自身实际的教学方式，不断提高各方面的能力。

第六章　大学英语教学评价体系构建

教学评价是教学目标得以实现的保障，评价内容、评价方式都会对教与学产生直接的影响。教学评价是英语教学的重要组成部分，有助于提升教师的教学能力与学生的学习主动性。

第一节　英语教学评价简述

一、评价、评估与测试的区别

很多人一提到评价，就将其与评估、测试等同起来，其实三者有着一定的区别与联系。简单来说，测试为评估与评价提供依据，评估为评价提供数据，评价是对教与学效果的整体评估。

三者有着紧密的联系，又有着明显的区别。就关系层面来说，三者体现了一种包含与层级的关系。测试充当其他两者的支撑信息。在包含与层级关系的同时，三者又存在明显的区别，具体表现为如下三个层面。

（一）目的层面

就某一程度来说，测试主要是为了满足家长、学校的需要，因为他们需要知道自己的孩子或学生的情况。当今社会仍旧以应试为主，因此测试为家长、学校提供了很多信息，也是家长、学校关心的事情。

评估主要是为教师、学生提供依据，如学习效果、学习中遇到的问题等，有助于教师提高教学质量，也有助于学生提高自身的学习效率。

评价有助于行政部门制定政策，对教学进行合理配置。

可见，三者的作用不同，导致开展的范围与采用的方式也有明显的不同。

（二）数据信息层面

测试所收集的数据一般是学生的试卷信息，反映的也是学生的语言水平。从学生的语言运用能力来说，有些部分是无法用测试来评判的。

评估可以分为终结性评估与形成性评估两大类，前者依据的是测试，后者依据的是教与学的过程，注重学生对任务的完成、对概念的理解等层面。当然，形成性评估更多依据的是定性分析，而不是定量分析。

评价所依据的信息多为问卷、访谈、测试、教师评估等，是定量分析与定性分析的结合，是一种综合性评估。

（三）展示方式层面

测试的展示方式往往是考试，最终结果也通过分数排序来展现。相比之下，评估与评价往往是以鉴定描述或等级划分的方式展现出来。

二、教学评价的界定

评价在人们的社会活动中广泛存在。有人认为，评价是确定课程能否达到既定目标的一种手段。也有人认为，评价是运用不同的渠道，对学生的相关资料加以收集，并将这些收集的资料与预定的标准相比较，进而做出判断与决策的过程。还有人认为，评价是对相关信息进行收集、综合、分析，从而用这些信息促进课程的发展，对课程的效度、参与者的态度进行评定。

但是，更多的人将评价等同于价值判断。就英语教学来说，评价指的是学生能否获得某项能力，能否实现课程目标，教师的教学与学生的学习能否帮助学生实现既定目标的一种判断手段。

三、教学评价的划分

由于评价的方式、内容等存在明显的差异，因此对评价的划分也有所不同，具体而言可以分为如下几种。

（一）过程性评价与目标达成评价

过程性评价，即在学习过程中，对学生的学习活动进行评价与判断，目的在于将学生的学习行为能否与学习目的相符解释出来，用于评判学生能否实现学习目标。评价的内容包含学习策略、阶段性成果、学习方式等。

目标达成评价既可以是对课堂教学目标达成情况的评价，也可以是对单元学习目标达成情况的评价，还可以是对学期教与学目标达成情况的评价，包括理解类、知识类与应用类三种目标达成评价方式。理解类目标达成评价方式表现为解释与转化，往往会采用阅读理解、听力理解，或对阅读文本、听力文本进行选择与匹配等方式。知识类目标达成评价方式主要表现为对知识掌握情况的评价，并采用再次确认的方式，一般选择、填空都属于这类评价方式。应用类目标达成评价方式即采用输出表达的方法，要求学生根据阅读与听力材料进行转述或表达。

（二）表现性评价与真实性评价

表现性评价，是指让学生通过完成某一项或者某几项任务，将自身所掌握的知识与技能表现出来，从而对其获得的成就进行评价。简单来说，表现性评价就是对学生完成任务的表现情况及获得的成就进行评价。表现性评价属于一种发展性评价，其核心在于让学生通过完成现实的任务，将自身所掌握的知识与技能展现出来，从而促进学习的进一步发展。一般来说，表现性评价具有如下几点特征。

第一，属于教学过程的一部分，与课程教学相互整合。

第二，关注的是学生知识与技能的发展，而不是对知识与技能的再次确认与回忆。

第三，一般情境都是真实的，往往需要学生解决现实学习中遇到的问题。

第四，学生需要完成的任务一般较为复杂，往往需要将多个学科的知识与技能相融合。

第五，对于学生的发散性思维是非常鼓励的，也允许不同的学生给出不同的答案。

第六，是形成性评价与终结性评价的结合。

综合来说，表现性评价有助于对学生的学习过程与学习结果展开更真实、更直接的评价，能够将学生的文字、口头等表达能力以及想象力、应变能力等很好地展示出来，因此对于大学英语教学是非常适用的。

真实性评价，是指基于真实的语境，对学生的表现进行评价，是一种要求学生完成真实任务之后，对学生所学知识与技能的掌握、运用情况进行的评价。与表现性评价相比，真实性评价更加强调真实，即任务的真实，一般来说其任务都是人们现实生活中遇到的问题。

真实性评价也具有上述表现性评价的特征，是表现性评价的一大目标。真实性评价要求评价成为教学过程的重要组成部分，因此真实性评价也具有形成性评价的特征。同时，真实性评价又注重任务的整体性与情境性，对终结性测试有很大的影响，因此真实性评价又具有了终结性评价的特征。可以说，真实性评价融合了多种评价手段，是多种有效评价手段的结合。

（三）形成性评价与终结性评价

形成性评价，即在教学过程中，教师与学生获得反馈信息，对教与学加以改进，让学生真正地掌握知识的系统评价手段。一般来说，形成性评价具有如下几个特点。

第一，往往作为教与学的一部分而在教与学过程中呈现。

第二，不将等级划分作为目标，而是将指导、诊断、促进等作为目标。

第三，学生往往充当主体的角色参与其中。

第四，评价的依据是在各个情境下学生的表现。

第五，通过有效的反馈，教师确定学生的水平是否达到预期。

终结性评价是一种对教师的教与学生的学的结果的评价，是在教学结束之后，对教与学目标实现程度所进行的评价，因此又可以称为“总结性评价”。从定义中可以看出，终结性评价往往出现在教与学结束之后，用于对目标达成情况进行评价。因此，这一评价方式有时可以等同于目标达成评价。

四、英语教学评价的功能

英语教学评价能够不断促进学生在学习过程中获得成功与进步，从而使学生真正地认识自我，发展综合能力。另外，英语教学评价能够为教师提供反馈信息，从而使教师不断改进自己的教学情况，提升自身的教学水平。总体而言，英语教学评价具有以下四个功能。

（一）导向功能

教学评价具有引导评价对象朝预定目标前进的功能和作用。合理的评价行为具有明确的评价目的与标准、一定的评价指标系统、严格的评价程序及科学的评价结论。教学评价的目的与标准将直接引导评价对象向标准方向努力。教学评价可以为学校教育教学工作指明方向，明确目标，可以帮助教师与学生诊断教与学过程中存在的问题，改进教学策略，促进其不断地发展。假如评价的重点内容和方式是语言交际，那么英语教学势必会以口语为主；倘若评价以英语情感体验为主要目标，那么英语教学必然重视师生之间的心灵沟通与对话，重视学生的情感体验与愉悦性。

因此，英语教学评价对教与学具有推动、导向的作用。要想更好地发挥教学评价的导向功能，就必须依据教学目标与课程标准制定恰当的评价内容与评价标准，对评价对象进行全面、科学的评价。教学评价要适应时代的发展变化，了解教育改革的动态，了解课程进展的信息，具有发展性与前瞻性。

（二）诊断功能

教学评价具有决策和鉴定功能，是学校管理工作的重要组成部分。课堂教学评价是教师工作评价的重要组成部分，也是学校评价体系的核心内容。科学有效的课堂教学评价能够有效地鉴定教师的教学态度、教学质量、工作能力、业务水平等，使学校的管理工作更系统化，决策更科学化。对教学效果进行评价，可以帮助教师了解教学各方面的情况，从而判断教学的质量和水平、成效和缺陷。教学评价如同身体检查，是对教学进行的一次严谨的科学诊断。

（三）激励功能

教学评价对评价对象具有激励功能，即评价能够激发评价对象的情感、斗志、精神。通过教学评价，学生能够获得学习上的各种信息，并对这些信息进行分析和研究，从而发现学习中存在的问题，采取相应的改正措施，最终提高学习效率。教师也可以发现自己在教学中存在的问题以及学生学习上的问题，并做出相应的改进和指导。师生的这些改进、调整措施都是在评价的激励功能下产生的。由此可见，教学评价能够促进教师的教、学生的学，并最终提高教学质量。

1.对教师的激励

教学评价对教师的激励作用在于它能为教师做出教学改革决策提供必要信息，这些信息有助于教师了解学生在学习中存在的个别性问题和普遍性问题，并了解问题的性质、程度及其原因。教师对教学的自评、学生对学习的自评、教师对学生的评估、学生对教师的评估，以及相关人员对教师、学生的评估，能够较全面、准确地反映学生学习中存在的问题及其共性、程度和缘由，从而使教师有针对性、有目的地调整教学内容和教学进度。在课堂教学中，教师可使用各种形式的“教与学评估定量表”来了解学生的学习进展，并通过统计和综合了解每个学生在学习群体中的相对位置，掌握每个学生在各个学习阶段的达标情况以及在学习各项内容中表现出来的能力，发现问题产生的原因，进而有的放矢地进行个别指导，因材施教。另外，教学评价还能使教师了解教学中存在的问题，掌握产生这些问题的原因，进而改正不足，提高教学质量。

2.对学生的激励

教学评价不仅对教师的教学有激励效果，对学生的学习也有激励作用。教学评价能够及时而全面地反映学生在学习中取得的进步和存在的各种问题，鼓励学生采取改进措施。

3.对教学管理的激励

从教学管理的角度看，评价可以提高教学管理人员管理的针对性和有效性，提升教学质量。教学评价有助于教学管理人员找出教学管理中的薄弱环节，检查教师对教学大纲的执行情况，掌握教师的教学态度、教学能力、教学改革与创新的情况等。教学评价有助于提高教学管理者的教学管理水平，指导其改进教学管理工作，为教学管理者有效控制教学质量、做出改革决策和采取具体措施提供依据。

（四）调控功能

教学评价的调控功能是指对评价对象的教育教学或学习情况进行调节、监控的功能和作用。教学评价可以通过依据预期目标而制定的评价指标体系和评价标准，监控评价对象的变化情况，及时调整偏离目标的行为，实现对评价对象的调控。教学评价的调控功能主要表现在两个方面：一是管理者对教学工作进行调控，如学校领导根据教学目标加强对教学工作的调控；二是评价者对评价对象的调控，如通过评价，评价者认为评价对象已达到教学目标，于是便将教学目标适当调高；三是评价对象通过评价了解自己的优缺点，明确自己的目标，调整教学工作与学习策略，以实现自我修正与调节。

五、英语教学评价的原则

英语教学评价必须遵循以下原则。

（一）主体性原则

学生的学习和发展是大学英语教学的出发点和归宿。因此，评价要突出以学生为主体的思想。在各类评价活动中，学生都应是积极的参与者与合作者。教师作为教学的组织者、指挥者，要对学生的学习过程、活动以及学生身心发展状况及时做出评价，要适时地指导学生开展各种评价。首先，对学生的学习评价要以学生的需要为依据，评价要反映他们的需要。其次，学生是评价实施的主体之一，教师要引导学生学会自我评价、相互评价的方法，使学生认识自我评价对学习能力发展的意义。学生的自我评价、相互评价应成为形成性评价的重要组成部分。最后，教师要在评价中发挥主导作用。教师在评价中的主导作用具体体现在对学生进行学习方法及评价方法的指导，引导学生反思、调控学习过程。

总之，学生是学习的主体，评价应以学生综合语言运用能力的发展为出发点；应有益于学生认识自我、树立信心；有助于学生反思和调控自己的学习过程；有助于学生学会自我评价。在各类评价活动中，学生都应是积极的参与者和合作者。

（二）过程性原则

英语教学评价应该坚持过程性原则，主要体现为以下两点。

第一，全程性，即评价要贯穿学生学习的全过程。

第二，动态性，即对发展过程加以鉴定、诊断、调控等，对整个过程的发展方向加以把握。

在传统的教学评价中，教师更加注重终结性评价，而忽视过程性评价，这样有可能会遗漏很多对教学细节的评价。过程性原则要求教师改变这种传统的教学评价观，并在评价过程中对评价对象发展和变化的过程进行有效记录，分阶段进行多次评价，从而保证教学评价的持续稳定和科学有效性。

过程性评价的对象是教师和学生，强调教学评价应该注重监控教师的教学过程以及学生的学习过程。所以，与普通的期中、期末考试不同，它更加注重过程的连续性，要求教学评价经常进行，并且具有规律性，从而达到时时监控的目的，充分保障教学质量。

（三）目的性原则

教师和学生是教学的两个主体，教学评价对师生都有着重要影响。因此，教学评价应当有一定的目的性，要确保对教师和学生有益。

1.从教师角度看教学评价

不同的教学评价具有不同的目的和不同的侧重点，其所带来的语气效果也不尽相同，教师要根据班级和课堂的具体情况，选择相应的、合适的评价方式来做出评价。除此之外，不同的评价方法具有不同的使用技巧和作用，因此在选择的时候教师也应该对其有所了解。

2.从学生角度看教学评价

在教学评价过程中，学生应当对此有所了解，对于各种评价方式及目的性有较明确的认同，这有利于教学评价操作的有效性、完整性和科学性。

（四）科学性原则

教学评价要具有可信度与可靠性，要建立在科学的基础上，有充分的科学依据和科学方法。大学英语教学评价要以正确的教育思想和教学理论为指导，遵循课堂教学的规律、原则，适应深化课堂教学改革的要求和英语学科的特点。在建立教学评价指标体系时，要有相应的理论依据，每个指标项目要有相对独立的、准确的科学含义。在确定各项指标的评价标准时，要考虑到指标本身的科学内涵和操作的方便。教学评价的方法要力求科学、完整。在评价信息搜集、处理上，要力求全面、客观、公正，注意其可靠性和合理性。

（五）发展性原则

英语教学评价应该为学生的发展服务，注重学生信心的树立，发现学生发展过程中出现的问题，通过反馈对这些问题进行解决，促进学生更好地向前发展。

首先，发展性原则要求英语教学评价从学生出发，将学生的需求作为出发点与落脚点。

其次，发展性原则要求英语教学评价的目的是促进学生的发展，即只要是对学生发展有利的层面，任何手段与技术都可以运用其中。

最后，发展性原则要求英语教学评价对每一位学生的个性特点、原有基础有所把握与关注，从而为每一位学生获得最佳的发展而做出努力。

通过评价，教师才能更好地引导学生对自己的原有基础、认知水平等进行鉴定，认识自己在发展过程中的不足，从而有针对性地进行改进与调整，对自己的学习过程进行优化，使学生获得最佳的发展。除此之外，发展性原则还要求教师关注学生的态度、情感等，以帮助学生形成正确的价值观。

第二节　大学英语教学评价的失衡现象

从生态学的视角看，只有解决大学英语教学评价中的失衡问题，消除传统教学评价的弊端，使教学评价生态系统达到平衡，才能有效提高大学英语教学质量。

一、终结性评价与形成性评价的失衡

长期以来，受传统的教育理念和应试教育的影响，我国大学英语教学评价较为强调终结性评价，强调考试甄选的功能，以考试成绩来评定学生的学习能力和教师的教学质量，相当一部分学生学习英语的动机就是通过考试，分数成为学习的直接动因。成绩好坏在无形中成为衡量各校英语教学水平高低的一把“标尺”，关乎学校声誉，关乎学生毕业与就业。同时，社会上不少用人单位也把是否通过大学英语四、六级考试作为衡量学生英语水平的硬指标。这种工具型学习动机不利于激发学生学习的主观能动性，也不利于学生英语应用能力的培养和提高。

传统的英语教学评价忽略了对教学过程的监控，一些重要的形成性评价方式，如作品展览会、学习日志、自我表现报告、成长档案袋等很少被应用，无法对学生的学习过程进行有效的跟踪、监督和指引，导致学生的整个学习过程成为教学评价的盲区。

二、评价内容与人的全面发展诉求的失衡

传统的教学评价主要对学生的知识、技能、智力和能力等进行评价，评价内容很少涉及学生的自主学习能力，批判性、创造性思维能力，跨文化交际能力等，对学生的情感、态度、个性、人格以及其他智能因素不够重视。大学英语教学评价要从单纯考查学生的基本知识和基本技能转向考查学生的综合素质，培养学生发展核心素养，即学生应具备的、能够适应终身发展和社会发展需要的必备品格和关键能力，实现知识、能力、态度或价值观等方面的有机融合，达到完整育人的目标。

三、评价需求与客观评价条件的失衡

学生需要通过评价来了解自己掌握了多少语言文化知识，语言能力的盲区在哪里；教师需要通过评价来了解自己的教学目标是否达成，教学方法是否有效。科学的评价体系应该包括教师对学生的评价、教师的自我评价、学生的自我评价、同伴互评、学生对教师的评价。然而，长期以来，大学英语教学班级规模大、教学课时有限、教学

任务重等因素，阻碍了多样化评价方式的实施，教师成为了唯一的评价者，评价主体单一化，评价标准统一化，学生始终处于一种消极的、被动的地位，无法真正发挥评价体系服务教学、指导学习的积极反拨作用。

四、教师评价素养与教学实践的失衡

教学评价的有效性取决于教师在教学评价中的知识和实践，教师评价素质的重要性日益凸显。教师的评价素养是教师在日常的专业实践中从事学业评价活动所拥有的关于评价的基本观念、基本知识和基本技能，通常涉及两个方面：一方面是教师拥有的关于外部评价的观念、知识和技能；另一方面是教师拥有的关于自己在课堂层面实施评价的观念、知识和技能，也就是教师的课堂评价素养。然而，大部分英语教师在入职前并没有接受过语言测试与评价方面的培训，评价能力较弱。

第三节　大学英语教学综合评价体系的构建

一、构建原则

（一）整体性原则

教学过程是多个有目的、有顺序的教学环节的集合，各环节之间有机配合、相互影响，共同对教学目标的最终实现发挥合力作用。要想全面、客观地评价教师的教学质量，必须对教学中的每一个环节都进行认真的了解和检查。就评价对象而言，不但要检查教师的教学态度和行为，而且要充分了解学生通过教学在各个方面所取得的进步。就评价内容而言，既要注重对评价对象知识技能目标的评价，又要重视非知识技能目标的评价。就评价形式而言，要形成性评价和终结性评价相结合，自我评价和他人评价相结合，定性评价和定量评价相结合，课堂表现评价和课后自主学习评价相结合。

（二）发展性原则

评价与教学是一个以发展为导向的辩证统一体。评价不是对学生的学习情况、教师的教学情况做简单的好坏之分，而是以服务于学生发展为根本目的，将预测、诊断、反馈和再反馈等环节融入面向过程、面向教学的评价，实现知识与技能、过程与方法、情感态度与价值观的“三维”目标，促进学生的可持续发展。

（三）开放性原则

大学英语教学评价的标准应该是开放的，而不是统一不变的。课堂评价要充分尊重个体差异，对不同学习目标（一般要求、较高要求、更高要求）的学生采用不同的评价标准，让不同层次、不同类型的学生都有发展空间和获得成功的机会，调动学生学习的积极性，促进教学评价的公平性，真正实现以人为本的教学评价。

二、构建理念

（一）建构主义理论

早期的学习理论是行为主义占优势，行为主义认为学习是通过强化建立刺激与反应之间的联结，教育者的目标在于传递客观世界的知识，学习者的目标是在这种传递过程中达到教育者所确定的目标，得到与教育者完全相同的理解。行为主义者无视在知识传递过程中学生的理解及心理过程。认知主义者重视学习者内部的认知过程，关心知识是如何被加工和理解的，强调学习者头脑中原有认知结构的作用。建构主义更强调学习者的主观认识，而且更加重视建立有利于学习者主动探索知识的情境。根据建构主义的观点，学生学习的有效性首先体现在学生是否积极主动地参与学习，以保证对知识的主动建构。教师教学的有效性首先体现在能否调动学生的学习积极性，促进学生对知识的主动建构。因此，有效的课堂教学评价需要考虑学生是否主动参与学习，师生之间、生生之间是否保持有效互动，学习材料、时间和空间是否得到充分保障，学生是否形成对知识真正的理解，学生的自我监控和反思能力是否得到培养，学生是否获得积极的情感体验。学生只有主动参与知识的构建和各项课堂活动，才能掌握知识，发展能力，养成个性。

（二）布鲁姆的教育目标分类法

本杰明·布鲁姆等人于1956年提出了认知领域教育目标分类，把教育目标划分为认知目标、技能（能力）目标和情感目标三大类，并按照这三大目标设计教学内容和教学过程。认知目标指知识的结果，包括知识、领会、运用、分析、综合和评价；技能（能力）目标指某种特定的表现能力，包括知觉、模仿、操作、准确、连贯和习惯化；情感目标包括接受、反应、形成价值观念、组织价值观念系统和价值体系个性化。

洛林·安德森等人于2001年对布鲁姆教育目标分类体系进行了修订，打破了原版的单维分类体系，将教育目标分为二维向度，即知识向度和认知历程向度。知识向度包含四个主类别，即事实知识、概念知识、程序知识、元认知知识，旨在区分教师教什么和学生学什么；认知历程向度包含六个主类别，即记忆、领会、应用、分析、评鉴、创造，旨在引导教师怎样教和促进学生怎样保留并转移所习得的知识。

布鲁姆教育目标分类理论可用于确定教育目标，使教师依照教学目标开展教学实践活动，评价学生是否达成预定目标，从而有机地将教学目标、教学活动和教学评价结合起来，形成体现过程的完整的教学活动和评价方案。

三、评价体系框架

大学英语综合评价体系应采用多维的评价主体、评价内容、评价指标，实施多样化的评价方法，实现多维的评价功能，体现评价的互动性、融合性与多维性特征。

（一）评价主体多元化

评价主体，是指对有效地开展评价活动，实现评价目的和宗旨，具有根本性和决定性的方面。大学英语课程评价涉及大学英语教学的专家机构、教学管理部门、教师、学生以及社会用人单位。大学英语教学的专家机构（如教育部高等学校大学外语教学指导委员会）负责指导评价标准的制定与修订，为地方和学校层面的评价提供咨询建议，定期组织专家对大学英语课程进行评审并给予指导。教学管理部门负责制定评价标准和实施评价。教师和学生是大学英语课程评价的主体，应积极主动参与评价活动，包括对教学过程和学习过程的自我评价与反思。评价活动还应积极听取社会用人单位对大学毕业生英语能力的反馈，以指导课程的建设和发展。目前，绝大多数大学英语教学评价都是由教师个人承担，学生往往处于一种消极的被动地位，学生的主观能动性得不到很好的发挥。

所谓评价主体多元化，是指评价主体从单向转为多向，包括学生自我评价、学生相互间的评价、小组合作评价、教师对学生的评价、学生对教师的评价等。

自我评价是指学生参与到对自己学习及其过程的判断、评价和监控之中，尤其是对自身学习成就、学习效果的判断和评价。自我评价对增强学生的自信心和自尊心有促进作用，并可显著提高学生成绩。自我评价方式多样，大致有标准的问卷调查、开放式问题、学习者日记和学习档案袋等。

同伴评价是自我评价的补充，是指学生对各自完成的学习任务进行相互评价。同伴评价可以采取两人互评形式，也可以采取多人互评形式。同伴评价用于评价各种学习活动，如口头陈述、角色扮演、电影配音、辩论、小组讨论等。同伴评价必须认真负责，描述必须准确客观，评价结论要有依据。同伴评价能够激发学生兴趣；能够使学生意识到自己的优缺点，提高自身的纠错能力；能够促进学生间的合作学习；能够提高学生的语言表达能力。同伴评价在某种程度上减少了教师对课堂的干预，改变了单一的师生之间的交互，使评价者和被评价者能有更多的交互、协商、合作等机会，更能使学生在课堂中表现得积极主动。为保障同伴评价的有效性，教师应该认真监控课堂上的同伴评价活动，并把学生在同伴评价活动中的表现纳入形成性评价体系之中，为学生相互学习创造环境，改进大学英语教学策略，有效提高学生自我评价和同伴评价能力。

教师评价有别于终结性评价中教师对学生的学习成绩做出的评价，教师在教学活动中应对学生学习过程中的表现、取得的成绩、情感与态度等做出评价，并对学生课堂表现、学习情况给予积极的反馈，如表扬鼓励等，让学生获得愉快的情感体验，减轻学生学习的焦虑情绪。教师在肯定与表扬学生进步的同时，也要指出其不足与差距，力求在课内外给每个学生个性化的帮助，督促学生为实现自己的目标而努力。教师评价还要与自我评价、同伴评价相结合。教师要根据学生的学习现状深刻反思课堂教学，不断改进教学方法，丰富教学活动，对教学进行客观的评价，以优化大学英语课堂教学效果。

评价主体多元化可以从不同侧面、不同角度获取教学信息和资料，对大学英语教学进行更全面、更客观、更科学的评价。作为评价对象的教师和学生成为评价主体，在教学评价过程中处于一种主动、积极的参与状态。一方面，教师根据学生学习能力上的不足和需求，不断反思自身教学活动，不断调整课堂结构和教学策略，这有利于提高教师教学水平，促进教师专业发展。另一方面，学生可以看到自己英语学习过程中的具体情况，及时获得描述性、指导性、诊断性信息，并及时总结经验和教训，进行自我反思，调整学习计划，这有利于学生提高学习效率，促进学生个体全面发展。

（二）评价内容多元化

评价内容应该由教学目标决定。大学英语课程学习不仅要考虑学生应该学习哪些英语知识和语言技能，将来能够用英语做哪些事情，还要考虑学生通过学习课程可以学习其他哪些方面的知识，形成哪些关键技能和必备品格。因此，大学英语教学评价的内容是多方面的，不应仅仅关注学生知识、技能、智力的发展情况，更应关注学生在知识、技能和智力发展过程中所表现出来的价值观和非智力因素。具体而言，评价内容应该包括以下五个方面。

1.语言能力

语言能力是个含义很广的概念，主要是指在社会情境中借助语言，以听、说、读、写等方式进行理解和表达的能力。语言能力包含以下几个方面：①关于英语和英语学习的一些意识、认识，如对英语作为一种国际通用语言的重要性的认识，对学习英语的意义与价值的认识，对英语与文化、英语与思维之间的关系的认识；②对英语语言知识的掌握情况，特别是运用英语语言知识建构和表达意义的能力；③理解各种题材和体裁的英语口语和书面语篇的能力；④使用英语口语和书面语进行表达的能力；⑤通过语言建构交际角色和人际关系的能力。

2.文化品格

文化品格指对中外文化的理解和对优秀文化的认同，是学生在全球化背景下表现出的知识素质、人文修养和行为取向。通过课程学习，学生能获得文化知识，理解文化内涵，比较文化异同，吸收文化精华，形成正确的价值观念和道德情感，自信、自尊、自强，具备一定的跨文化沟通和传播中华优秀文化的能力。

3.思维品质

思维品质指人的思维个性特征，反映其在思维的逻辑性、批判性、创新性等方面所表现的水平和特点。在课程学习过程中，学生应能辨析语言和文化中的各种现象；分类、概括信息，建构新概念；分析、推断信息的逻辑关系；正确评判各种思想观点，理性表达自己的观点，具备初步用英语进行多元思维的能力。

4.信息素养

信息素养是一个人在工作、生活、人际交往中自信和批判性地使用信息技术的重要条件，如使用计算机实现对信息的检索、评价、存储、创建、显示和互换，通过互联网开发合作网络等。信息素养应包括信息意识、信息知识、信息能力、信息道德。

5.学习能力

学习能力指学生积极运用和主动调适英语学习策略，拓宽英语学习渠道，努力提升英语学习效率的意识和能力。在课程学习过程中，学生要有明确的目标意识，多渠道获取学习资源，有效规划学习时间和学习任务，选择恰当的学习策略与方法，自觉监控、反思、调整和评价自身学习行为，形成学习英语的能力，为自主学习和可持续学习创造有利条件。

（三）评价手段多元化

多元化教学评价包括多种不同的评价模式，如诊断性评价、终结性评价、形成性评价、行为表现评价等。由于教学活动的复杂性、多因素的制约性以及评价技术和手段的局限性，任何一种评价方法都不是万能的，每一种评价方法都有自己的特点、优势和缺陷，都有特定的适用范围和界限。传统的评价侧重终结性评价，通常以测试（口试和笔试）为主要评价手段，这种单一的评价方式忽视了对学生在语言学习过程中的表现进行评价，造成评价目的和教学培养目标之间的脱节，很难全面、真实地反映学生的学习状况和效果以及英语教学存在的问题、取得的成果，评价的效度难以充分体现，更无法对学生的英语学习过程进行检查和调控。另外，多维的评价内容单靠测试是无法实现的，必须采用多种评价方法以实现有效的评价，改变过分依赖知识考试的量化评价标准，采取分权重的质性与量化结合的评价方式，关注学生的学习行为发展与学习成效，既注重结果又关注过程。

（四）评价功能多重化

杨启亮在其研究中就教学评价的功能或价值提出了疑问，即我们是为教学而评价，还是为评价而教学？为评价而教学，关注的重心是评价，这样的教学会丢失教学的价值；为教学而评价，关注的重心是教学，评价不是教学的指挥棒，而是教学的服务器，它生成并守护教学的价值。

然而，长期以来，教学评价通常被看作是检验学生学习效果与教师教学水平的重要手段，只注重评价的鉴别、检验和验证的功能，这使得评价体系孤立于教学之外，无法发挥评价体系服务教学、指导学习的积极反拨作用，一定程度上不利于教师、学生的发展。教学工作如果没有评价活动的结果，整个英语教学活动将成为一个只有执行而无反馈的过程，评价本身所具备的调控功能、激励功能和导向功能就得不到充分发挥。

然而，我们不能将课堂教学评价的甄别功能和发展功能完全对立起来，二者也并非不可融合的二元对立关系，甄别是基础，发展是最终旨趣，甄别为发展服务，二者相互促进、密不可分。甄别功能是评价最基本的功能，是评价其他各项功能的基础。通过评价的甄别功能，师生可以准确地了解教学活动的得失，在进一步的教学活动中有针对性地改善教与学的行为，这就是评价的调节功能。通过评价，教师和学生可以知道自己过去的所教、所学哪里得当、哪里不当，这就是评价的强化功能。在接受评价的过程中，学生再次认识知识、进行思维、体验情感等，这就是评价的教育功能。评价除了发挥甄别功能，还要发挥其诊断性、反馈性、导向性、激励性以及发展性功能，使评价的过程成为促进发展和提高的过程，使教师获取教学反馈信息、改进教学、提高教学水平，使学生调整学习策略、改进学习方法、提高学习效率，从而获得最大的发展和成功。

（五）评价指标多维化

英语教学评价标准是人们在英语教学评价活动中应用于评价对象的价值尺度和准则。评价标准必须建立在价值主体对价值客体的需要基础上。有的学者认为，教学评价指标要力求全面、细化、量化，具有普适性。还有的学者认为，评价指标要多元化。霍华德·加德纳的多元智力理论表明，人至少拥有 8 种智能（语言、数理逻辑、视觉空间、身体运动、音乐节奏、人际、自我认知、自然观察等），而且人的智力不是几种能力的组合，不是以整合的形式存在，而是以相对独立的形式存在。随着社会的发展，学校教育越来越注重人的个性发展，而一元化的教学评价标准与这一要求是不相适应的。大学英语教学评价体系不应采取单一的维度与标准，应具有多维度的特点。

教学评价标准的多元化表现在许多层面上。从宏观层面讲，大学英语教学评价既要考虑课程的共性，又要兼顾不同地区、不同类型学校和不同学生群体，即根据学校类型、地区特点和学生需求，开发多样化的评价工具，开展分层分类的课程评价。国家和省市层面的评价以宏观指导为主，通过评价发挥优秀课程和优秀教学团队的引领、示范作用。在学校层面，学校教学管理部门及教师应根据本校的教学需求和现状，制定适合本校的评价标准和切实可行的评价指标体系，建立常态化的评价数据库，并定期更新、公布数据，以便自我监督，并通过有效分析和反馈评价信息，促进自我改进和提高。从微观上讲，评价内容应紧密结合教学内容，充分利用信息技术，跟踪和采集每个学生的学习行为等基本信息数据，构建学生个人学习档案，分析学生的学习行为特征，为不同类型的学生确立不同的发展目标和相应的评价标准，并根据评价结果提供个性化的评价反馈。

四、大学英语教学综合评价体系的保障

大学英语教学综合评价体系是大学英语教学不可分割的重要组成部分，贯穿于教学全过程。教、学、评应三位一体，相互促进、相互补充。大学英语教学综合评价体系的构建是检测大学英语教学效果，保证教学质量，推动课程建设，促进学生个体素质全面、和谐、可持续发展，促使教师专业化水平尽可能提高的重要手段。为确保大学英语教学综合评价体系的顺利运行，各级教学管理部门需要积极支持，保障各项评价工作所需要的人力、物力和财力等资源。

首先，学校应建立专业化的评价机构，不断完善评价体系，健全大学英语教学基本状态数据常态监测和反馈机制，更好地实现大学英语课程的总体目标，满足国家战略需求，满足社会发展对大学生英语能力的需求，满足个人发展需求。学校教学管理部门应根据本校的教学需求和现状，制定适合本校的评价标准和切实可行的评价指标体系，建立常态化的评价数据库，定期更新、公布数据，以利于自我监督，并通过有效分析和反馈评价信息，促进自我改进和提高。

其次，创设真实情境，摆脱评价“去情境化”状态。情境的真实性保证了教学评价的持久生命力和内在价值。一方面，评价者要遵循一定的评价标准，选用真实情景考查师生在具体语境中运用英语的能力，并在评价中渗透对师生创新能力、思辨能力等的考查。另一方面，评价者要充分尊重师生的主体性和能动性，创设开放、自由、轻松的精神环境，使师生能够真实、充分地展现自我。

再次，为有效开展评价工作，大学英语教师需要转变自身角色，除了承担评价任务之外，还要结合专业特长，充分利用评价技术，成为学生自我评价、小组评价、同

伴互评的协调者、指导者和促进者，不断加强自我反思性评价，注重发挥学生的主体作用，引导学生主动监控自己的学习行为和主要学习环节，反思个体的学习行为与结果，逐步形成学习自律，促进自主发展。另外，提高大学英语教师评价素养需要对大学英语教师进行评价知识和技能的培训，特别是教学过程中的形成性评价理论和实践能力，以及使用评价结果的能力。大学英语教师应处理好评价与教学的关系，掌握先进的评价手段，采用多样化的数据分析方法，反思自己的评价实践，报告更有价值的评价结果。

最后，开发基于网络的评价工具。在信息化背景下，教师的教学方式和学生的学习方式发生了根本性变化，教学评价应采取与新型教学方式配套的评价方式、管理手段，监控学习过程和质量。基于网络的评价工具的开发可以在很大程度上减轻一线教师的教学负担，提升教师队伍的评价能力，保障网络英语教学效果。

第七章　大学英语生态课堂体系构建

课堂是师生成长和发展的主阵地，是人类文化和文明传承的舞台。课堂是教育主体、教育客体、教育目标、教育内容和教育手段等的有效配置与合理组合，是与外部环境交互影响、催化互动、和谐共生的有机综合体。从生态哲学的视角分析，课堂存在生命体和环境两大结构。通过教学活动，课堂生态主体与课堂生态环境之间、不同的课堂生态主体之间进行着物质、能量和信息的循环与交流。因而，课堂具备了生态系统的形态结构和功能运转体系。课堂生态系统是由彼此相互独立、分散的要素基于关联互补性形成的有机体，各要素之间既存在协同共生的关系，也表现为相互制约的状态，课堂教学应该以生态化的模式来运行。

第一节　生态课堂概述

一、生态课堂的内涵

（一）生态课堂与课堂生态

“课堂生态”与“生态课堂”存在着本质的区别。前者是“实然”状态，后者是“应然”状态。前者是后者的内容和基础，后者是前者的方向和目标。对于生态课堂来说，“生态”是课堂的指导思想和方法。生态课堂研究就是以生态学的思想和原理作为出发点，运用生态学的方法，探索课堂教学的现象与规律，是教学理论改革与实践发展的必然结果。构建生态课堂就是要构建一个促进生命成长和完善的课堂教学环境，创造一个师生生命发展的生态空间，通过生态化的教学方式，让学生转知为智、化智成能、知情互生，去不断地创造自我，改善和发展生命，从而取得课堂教学效益与生命质量的整体提升。

（二）生态课堂与传统课堂

生态课堂的提出不是对传统课堂的全盘否定和颠覆，在可预见的将来，传统课堂形式仍然是不可替代的。生态课堂也不是重新建构一套全新的理论体系，而是对传统课堂的“扬弃”，其核心是生态观、科学发展观在课堂教学中的贯彻落实，即借助于生态学的方法，以生态思想和生态视角考察课堂教学，从学生、教师及其课堂环境的相互关系中探索生态课堂的动态平衡，不仅关注作为主体因素的人的发展，还关注人与环境的共生、和谐发展。健康、生命、和谐、共生、多样、可持续发展是生态课堂最基本的原则。

（三）内涵解读

随着环境问题的日益严峻，生态化已成为人类生存和发展的一种趋势。生态学已经渗透到各个领域，“生态”一词涉及的范畴也越来越广，人们常常用“生态”来定义许多美好的事物。

《现代汉语词典》（第 7 版）将“课堂”定义为：“教室在用来进行教学活动时叫课堂，泛指进行各种教学活动的场所。”课堂是教师、学生及环境之间形成的多种功能的综合体，是一个充满生机和意义的整体，是焕发师生生命活力的复杂有机生态系统。

生态课堂是基于生态学视角的一种生态状态下的新型课堂，强调教师、学生、教学信息、教学组织形式、教学环境、教学评价等环节的和谐统一，将课程结构、师生关系、实践形式等进行重新构造，是一种正视人和生命、倾听作为生态因子的教师和学生的生命呼唤的课堂。生态课堂的各个环节充斥着联系、发展、和谐与共生等理念，是一种具有生命活力和生态属性的课堂教学形态。

二、生态课堂的基本理念

生态课堂与传统课堂的区别在于它是一种在生态哲学思想指导下进行教学的课堂，生态系统内各因子间物质、能量和信息的交换趋于平衡、稳定。生态课堂是和谐共生的课堂，是提升生命质量的课堂，也是关注师生可持续发展的课堂。

（一）生态课堂是和谐共生的课堂

生态课堂中既有教师的宽容和学生的自主，又有教师的引导和学生的自律。教学追求主体与主导、导与放、静与动、人与义、知与情、预设与生成等方面和谐共振。生态课堂始终处于民主、宽松、愉快的氛围，使学生产生自觉参与的欲望，真正成为学习的主体。生态课堂要营造一种自然、开放、和谐的环境，构建和谐的学习共同体，激励每一个学生主动参与，多元共生，协同努力。生态课堂尊重每一个学生的尊严和价值，尊重学生的见解，尊重他们独特的个性和学习行为。生态课堂要求真实地对话，自主、合作、探究地学习，使每个学生都有自己的收获，各自都得到良好发展。在和谐共生的课堂中，师生平等对话是核心，知情统一是关键，和而不同是特征，活跃生成是现象，人人发展是根本。

（二）生态课堂是提升生命质量的课堂

生态课堂依据生态学的原理和教育教学规律进行教学，关注学生的生存能力和发展潜力。生态课堂教学贴近学生的内心世界、生活世界，丰润学生的内涵，提升学生生命的价值，使学生形成高尚的情操、健全的人格和良好的素养。生态课堂中的教学不仅要为学生今后的学习与发展打下基础，还应当体现生命价值，关注学生当前的生命状态。生态课堂让教育不仅是为了升学和谋生，更是为了人格的完整，为了个人的终身学习以及社会的和谐发展。

（三）生态课堂是关注师生可持续发展的课堂

生态课堂坚持以可持续发展的生态观引领教学，让学生获得可持续发展的知识、技能与情感，正确处理人与人、人与自然、人与社会的关系，获得终身学习的能力。在生态课堂上，学生追求的是自然的、和谐的、可持续的发展。在小组学习、合作学习、探究学习的过程中，学生要学会学习、学会交往、学会合作、学会思考，培养终身发展能力。因此，生态课堂对促进师生的可持续发展具有重要作用。

从以上表述可以看出，生态课堂应当建立以实践生命发展为价值追求，以民主效率为管理前提的良好的课堂生态环境，让师生富有个性地、自主地实现课程、师生、知识、社会多元多向多层次的互动，不断开发潜能，开启智慧，创造自我，改善和发展生命，取得科学素养和生命质量的整体提升。

三、生态课堂的构成要素

生态系统是在一定区域（或空间）内生存的生物与环境通过能量转换、物质循环代谢和信息传递而相互作用的统一体，强调系统中各因子之间的相互关系、相互作用以及功能上的统一。在自然界中，只要在一定空间内存在的生物和非生物两种成分相互作用，达到某种机能上的稳定性，哪怕是短暂的，那么这个整体就可以视为生态系统。

生态课堂就是以生态学的视角、态度与方法来观察、思考、分析课堂。课堂是由生物与其生存环境共同组成的系统的整体，该系统中不仅存在着生物之间的密切联系和相互依存，也存在着生物与环境之间或者说与环境的其他非生物要素之间的相互联系和相互作用，它们在共生与合作中结成生命共同体。生态课堂的构成要素主要包括课堂生态主体、教学信息和课堂生态环境等。

（一）课堂生态主体

课堂生态主体包括教师和学生。自然界的生态系统中有三类子要素：生产者、消费者和分解者。在课堂生态系统中，从知识的“授予—接受”角度来看，教师和学生是生产者和消费者的关系。教师是信息的加工者和积极建构的指导者，学生是知识的接受者。但学生并不是被动地“消费”知识，而是通过知识与已有经验之间的同化和顺应，积极主动地进行建构。教师和学生在课堂中通过相互作用形成了师生关系，这种关系总是处于一种动态的形成过程中，遵循生态学的“平衡—不平衡—平衡”运行机制。

（二）教学信息

教学信息即教学内容。教学信息是课堂教学的纽带，是课堂生态系统中的“食物链”。食物链是使生态系统保持生机和活力的纽带，它规定了某个特定的生态系统中各个子要素之间的层级关系以及相互作用。在课堂生态系统中，教师和学生是以“食物链”联系在一起的，信息的加工和传递不断发生在师生之间、生生之间以及师生与环境之间，从而使课堂生态系统得以维持平衡。如果没有教学信息的传递，没有建立在此基础上的互动，整个课堂便成为无源之水，无本之木。在这条“食物链”中，教师和学生的地位是民主平等的，绝不存在孰优孰劣的问题，他们通过链条紧密地联系在一起，有着共同的长远利益。

（三）课堂生态环境

课堂生态环境是在课堂生态圈内与教学活动有关的各种因素的总和，主要包括课堂物理环境、课堂社会环境、课堂心理环境三个方面。

1.课堂物理环境

课堂物理环境包含课堂自然环境和课堂教学设备。课堂自然环境指课堂生态主体赖以生存的自然生态条件，如教室大小，室内各物体颜色，教室的采光、空气、温度等，这些生态因子是课堂生态主体进行教学活动的生态基础，对人的身心健康发展有着直接或间接的影响。课堂教学设备包括教学多媒体、教具、学具、图书材料、实验仪器设备等教学硬件设施，这些设备包含了大量的知识信息，作为知识信息的载体，它们直接影响教学的效率。

2.课堂社会环境

课堂社会环境指课堂生态主体所处的具体环境或课堂生态主体之间的各种关系及其网络，包括文化、观念、价值取向、规范环境、舆论和人际关系等。

3.课堂心理环境

课堂心理环境是指在课堂时空内由课堂生态主体之间或课堂生态主体与课堂生态环境之间相互作用所形成的心理气氛。课堂心理环境具有内隐性、动态性和主观性。它并不直接参与课堂教学活动，却以潜隐的方式影响着课堂教学的过程和效果。

在课堂生态系统中，课堂生态主体与课堂生态环境之间、课堂生态主体与课堂生态主体之间存在各种联系，它们以教学信息为载体，通过彼此之间的信息流通，有机联系并相互作用，使课堂形成一个有机的整体。它们各自在维护课堂生态系统的平衡中具有举足轻重的作用，相互之间存在着内在统一性。

四、生态课堂的基本特征

研究者一般基于生态系统的特征来分析生态课堂的基本特征，具体有两种分析方式：一种是对生态课堂单一特征的归纳，如生态课堂具有多维互动、客观存在、动态性、开放性；另外一种是从多元、关联的视角进行归纳，认为生态课堂的特征是整体相关与动态平衡的统一，多元共存与和谐共生的统一，开放性与交互性的统一，有限性与无限性的统一，差异性与标准性的统一。

虽然具体观点不同，但研究者对生态课堂特征的归纳有共通之处，主要表现在课堂的开放性、多样性、整体性、共生性和可持续发展性。

（一）开放性

开放性是生态系统的主要特征之一，生态课堂也具有开放性的特点。课堂的开放性是指课堂在发展的过程中必须不断与外部环境进行物质、信息和能力的交换以达到自身的不断更新与发展，而课堂内部各因子之间也相互作用、相互调适以实现课堂整体最优化。

课堂的开放性强调课堂自身不是自足孤立的，而是与外部环境相互依存联系的。具体地说，生态课堂的开放性主要包括环境的开放性、生态主体的开放性和课程的开放性。环境的开放性，既指课堂生态主体所处具体环境的敞亮与开放，也指课堂环境与课堂外各系统保持着密切的联系，使课堂不仅仅局限于教室。生态主体的开放性，主要是指作为课堂生态主体的教师和学生在课堂保持精神世界的开放，以实现彼此间的理解和视域融合。课程的开放性，主要包括课程内容和课程实施的开放性。课程内容的开放性，就是说课程应该包含教材文本、观念文本和生活文本等诸多方面，体现课程内容的多样化。课程实施的开放性，实质上可以理解为教学的开放性，主要体现在教学目标、教学过程和教学结果的开放性。

（二）多样性

多样性既是维持课堂生态系统平衡的一个关键因素，也是生态课堂的一个重要特征。生态课堂系统的多样性主要体现在学生的多样性、文化的多样性、课堂教学的多样性等。

1.学生的多样性

在现实生活中，没有两个具有完全相同个性心理的学生。每个个体的生理和境遇不同，也养成了不同的个性心理。课堂由不同个性特征的人组成，在信息交流和传递的过程中，他们的行为也有各自不同的指向，有的学生活泼好动、有的学生沉默寡言等。

2.文化的多样性

生态课堂中的学生文化、教师文化、课本文化以及非课本文化等，共同构成了一个多元文化空间。学生文化主要体现在其本身具有的个体独特的个人知识和个人文化。教师文化在课堂中也占有着比较重要的位置，它凭借对课本文化的标准化解读而拥有权威性。除此之外，还有课桌文化、墙壁文化等。课堂中的不同文化之间既存在着相互沟通的一面，也存在着相互矛盾的一面。

3.课堂教学的多样性

生态课堂在教学目标上，既重视三维目标，又重视预设目标，也重视可能出现的非预设性目标；在教学内容上，加强课程内容与现代社会科学技术及学生生活的联系，关注学生学习的兴趣和经验，精选终身学习必备的基础知识和技能，培养学生搜集和处理信息的能力、获取知识的能力、分析和解决问题的能力以及交流与合作的能力；在教学方法上，注意多种方法在课堂中的使用，多角度地引导学生思维；在教学呈现上，注意创设多样情境，运用现代教育技术，引发学生思考；在教学方式上，重视学生自主学习、合作学习、探究学习；在教学组织上，尽可能地利用师生、生生互动，合作交流；在教学评价上，采用多元、发展、综合性评价标准。

（三）整体性

系统的整体性，是指具有不同性能的各要素构成的系统，通过综合、统一、形成的整体具备了新的特定功能。作为一个微观生态系统，生态课堂也具有明显的整体性特征。课堂生态系统运行变化的过程是由多主体、多环节等共同构成的复杂的有机整体；教学过程是多种教学方法相互作用而构成的一个整体；教学效果也是课堂生态系统中众多生态因子相互作用的结果。生态课堂中的生态因子在每一个互动的过程中，都必须以整体的和谐与发展为目标，在此基础上进一步追求人的全面、和谐、可持续发展。

（四）共生性

共生性是进化过程中生命体所具有的共同特征。互利共生是指双方的共生关系有利于彼此的存在和发展。生态课堂中的互利共生性主要表现为构成生态课堂系统的教师和学生以及学生与学生之间互相促进、共同成长。教师的教学推动学生的发展，学生之间的互动促进彼此发展，学生的发展也促进教师的专业成长。生态主体之间是相互促进、密不可分的关系。

（五）可持续发展性

可持续发展是和谐生态环境的重要特征，也是当今人才发展的核心素质之一。生态课堂一方面担负着培养学生可持续发展意识的重任，另一方面还是培养学生可持续发展能力的重要途径。生态课堂不仅要传递给学生知识，更要让学生掌握学习的方法和技能，使之学会终身学习，增强每一个学生的自学能力和生存能力，形成可持续发展的观念，培养学生立足社会所必备的能力和素养。

五、生态课堂的生态规律

课堂是一个微观生态系统，其内部的教育生态规律是客观存在的。生态课堂的构建必须遵循教育生态规律，合理安排教学活动，才会有利于教学质量的提高，才会促进学生生态主体的全面和谐发展。

（一）限制因子定律

生态课堂中的限制因子是达到或超过生物耐受限度的环境因子。当某种生态因素缺乏，或低于临界线，或超过最大忍受度的情况下，就会起限制因子的作用。课堂生态系统中的生态因子主要有物理性生态因子和人为性生态因子两大类。

1.物理性生态因子

某种固定的物理性因素，如某种教学设施不够或过度就会影响教学活动的有效展开。学习空间，如教室、实验室拥挤就会给学生带来一定的心理压力；学习设备，如学习资料、药品、仪器的数量达不到学生的需求也会造成学生精神上的饥渴，影响学生的学习兴趣以及学习能力的培养。教学媒体的度也会影响学习效率，教学过程中教师可通过视觉、听觉、嗅觉、动作等促进学生学习。若只有单调的教学媒体如一块黑板和几支粉笔，那么课堂自然会显得沉闷；但使用教学媒体过度也会造成教学资源的浪费，学生也只会停留在表面的感觉冲击，而无法进行深入的思考。

2.人为性生态因子

课堂生态系统中除了非生命的物理性因素以外，对教学产生影响的其他一切因素都统称人为性生态因子。这些人为性生态因子主要包括三个方面：第一，与课堂教学不直接相关的师生活动，如学生的课外活动、社会调查等。教师布置的作业太多会占用学生的活动时间，家长不支持学生进行课外活动，则会影响学生课外活动的进行，成为课堂教学的限制因子。第二，课堂上学生、教师或教学管理者的个体、群体活动，如课堂上教师的演示实验和学生的合作学习等。教师在课堂中不应只关注少数学生，否则处在活跃地带之外的学生会因为得到较少关注而对学习失去兴趣。第三，教材和课程的制定，各类教育法规、管理规章及其实施等。教学内容应密切联系学生生活，关注学生最近发展区。若教学内容脱离了学生的生活世界，学习则变得抽象，那么教学内容就成为课堂教学的限制因子。

课堂生态系统中，限制因子有其特殊性，即所有的生态因子都可以成为限制因子。教师和学生不仅能够适应限制因子的作用，也能主动地创造条件、积极调解，将限制因子转化为非限制因子。这就要求教师在进行教学设计时应尽可能地明确限制因子，并积极寻求合理的方法将其转换为非限制因子，促进课堂教学的生态化。

（二）耐度定律和适度原则

课堂生态系统中的群体、个体对每一种环境因素均有一定的承受能力和耐受度，达不到或过度就会对课堂教学产生不利影响。课堂教学应从以下几个方面来考虑是否遵循适度原则。

1.教学资源的量

教学资源要考虑教室、实验室等物质条件是否充足，教学和学习的工具是否被合理使用，教学媒体的使用是否控制得当等。

2.学生作业的量

对同一教学内容，不同类型的学生适合的作业量耐度范围是不同的。作业的量应当控制在大多数学生能忍受的范围内，同时又要对学习能力强、作业量不足的学生适当加量，保证他们得到充分的学习。

3.教学内容的难度

学生的学习能力存在个体差异，教师要充分把握好知识点的深浅度，针对不同学生的特点采取不同的教学要求，设计不同层次的问题教学，使学生都得到适合自己的知识。

4.教学节奏

教学节奏有快慢张弛，必须掌握得当。长期处于紧张状态不利于学生身心健康，长时间松弛怠慢又不利于学生学习积极性的发挥和潜能的开发。

（三）生态位原理

生态位是指每一个物种在群落中的时间、空间位置及其机能关系。任何物种在生物群落中都占有特定的位置，每一物种都有其特定的功能，维持系统整体的完整和稳定。在课堂教学中，每一位学生都占据着各自的生态位。在不同的教学活动中，学生往往处于不同的生态位，分别扮演着优胜者、参与者、跟随者、旁观者、落后者等角色。

学生自身的知识、能力、性格、自我效能感，以及教师或他人的评价对生态位的形成具有重要影响。其中，教师对学生的期望和评价直接影响着学生的自我效能感，进而影响着学生的学习成绩的提高和心理的成长。因此，在教学过程中，教师应当平等地对待不同生态位的学生，帮助学生找准自己的生态位，根据学生不同的特点选择教学方法和教学内容，使不同生态位的学生都得到充分的发展。

第二节　大学英语课堂的生态性论证与生态平衡观

一、大学英语课堂的生态性论证

从生态学和系统科学的角度研究大学英语课堂，属于跨学科研究。要实现跨学科研究，根本的办法就是进行类比论证。类比论证是一种通过已知事物（或事例）与跟它有某些相同特点的事物（或事例）进行比较类推从而证明论点的论证方法。其中，“相同特点”是这种论证方法能够成立的前提，没有它，就无法进行类推。只有首先证明大学英语课堂具有生态性，是一种生态系统，才能根据这个相同特点，用生态学和系统科学的相关理论研究大学英语课堂。

假设大学英语课堂具有生态性，可以看作是一种生态系统加以研究，则该假设要得到以下三点支撑：①生态学的包容性和系统科学的横断性支持从生态的视角将课堂视为系统予以研究；②前人已经从生态的视角对课堂教学做了大量研究，并取得了比较丰硕的成果；③大学英语课堂具有生态系统的基本结构和功能。

（一）生态学的包容性和系统科学的横断性

生态学具有很大的包容性，有很多可以移植的概念、理论和方法，对解决各门学科所面临的问题均有帮助。现代生态学已经突破了原有经典或传统生态学的自然科学界限，发展成为一个研究内容广泛、分支学科众多、横跨自然科学和社会科学、综合性很强的学科，具有明显的方法论特征。生态学和教育学相互渗透、融合就形成了教育生态学，其主要内容就是运用生态学的理论和方法研究教育问题。课堂教学作为教学活动中的重要一环，自然进入了教育生态学的研究范畴。事实上，教育生态可以分成宏观生态系统和微观生态系统，而课堂生态就属于微观生态系统。

系统科学属于横断科学，是在概括和综合多门学科的基础上形成的一类学科，其覆盖面广，对许多具体学科都能起到方法论的作用。系统科学不是以客观世界的某种物质结构及其运动形式为研究对象，而是从许多物质结构及其运动形式中抽出某一特定的共同方面作为研究对象。其研究对象横贯多个领域甚至一切领域，小至一个原子、分子，大到国家、地球乃至整个太阳系，都可以作为系统来研究处理。在这个意义上，课堂完全可以成为系统科学的研究对象。事实上，课堂就是通过师生与环境的互动而构成的基本系统，具有系统的结构和功能。

（二）国内外对课堂生态的研究

课堂生态研究，是一种生态方法在课堂领域里的应用研究。随着人类对生态问题的日益关注以及生态学自身的快速发展，生态学与教育学加快融合，教育生态学发展成为一门指导教学活动和开展教学研究的新兴学科，国内外对课堂生态的研究也日益丰富。

美国社会学家威拉德·沃勒在其《教学社会学》一书中正式提出“课堂生态学”的概念，并探讨了课堂教学的社会性和生态性。20 世纪 60 年代，国外开始联系课堂的多种因素，如教师、学生和课堂环境等，系统地研究课堂生态，并取得了比较丰富的研究成果。教育学与生态学继续融合，一些新的概念如“高等教育生态学”“教育生态学”被相继提出，这也标志着教育生态学作为一门独立的学科正式诞生。

从 20 世纪 60 年代开始，有一些学者开始用生态的眼光研究课堂要素之间的关系，如教室里师生距离与课堂表现之间的关系。其实，早在 20 世纪 20 年代，格里菲斯就通过观察发现，坐在前排和后排的学生成绩低于坐在中间的学生（第四排最佳），但他并没有借助生态学的概念加以描述和解释。罗伯特·索莫在《应用行为科学》杂志上发表了论文，探讨了课堂座位布置与学生课堂参与之间的关系。他发现，在讨论式座位布局中，直接面对教师的学生比坐在两边的学生课堂参与度高；在座位横排的传统型教室里，坐在前排的学生比坐在后排的学生课堂参与度高，坐在每排中间的学生比两边的学生课堂参与度高，由此得出“视觉接触会增加课堂互动”的结论。富兰克林·贝克、索莫等对大学课堂生态做了三个现场研究，旨在探究不同教室环境下的学生参与情况。第一个研究是在传统布局的教室里进行，结果发现教室大小和学生课堂参与率有关，但和学生参与时长无关。第二个研究是在各种实验室里进行，教师的主要职责就是看看评评，结果发现学员之间互动更加频繁。第三个研究是在一个大礼堂里进行问卷调查，结果发现学生的参与情况和座位、对调查的兴趣、与教师的熟识程度等有关。莱文等人分两阶段探讨了学生落座位置对成绩及课堂参与的影响。研究发现，第一阶段主动落座前排的学生考试成绩明显更好，但在课堂参与上没有明显的临近效应。在第二阶段，由教师随机指派落座，结果发现，落座前排的学生在成绩上并没有明显差异，但在课堂参与上更加积极。这表明落座位置和成绩受自我选择的愿望影响，参与度受落座位置影响。

以上研究都是从生态学的视角对课堂进行考察，很明显，早期对“课堂生态”的研究更多地聚焦于课堂环境及其影响，这可能源于“生态”概念在教育科学领域里的借用还属于初期阶段，保留了很多“自然环境”的影子。

20 世纪 70 年代末，更多的研究者开始从生态视角开展对教师行为的研究，尤其是在特殊教育领域。多勒和庞德在 1975 年撰文指出，对教师行为的研究几乎 60 年未变，教师行为模式也没能达到公认的教育目标。他们指出，如果从课堂生态的角度分析教师行为，将会对教学研究起到很大的推动作用。1977 年，多勒再次撰文，从生态的视角分析了课堂环境的复杂性以及教师减少复杂性的策略，同时指出了课堂环境对教师行为的影响。沃滕博格从实际教育工作者的角度，以生态学的视角研究了如何针对学生的越轨行为来采取合适的教师应对行为策略。沃克认为教师社会行为标准和期望是课堂生态的决定因素，并探讨了教师对学生的期望反过来对教师本身行为、课堂环境和学生学习产生的影响。奥尔古热恩通过对分类的特殊教育课堂中教师教学行为的观察，认为教师没有根据课堂类型不同而采取不同的教学行为。里斯等人研究发现，如果教师能在大范围的空间里进行教育，学生将会有更高的学习参与度。杜克斯和索代尔盖斯提出，教师对学习能力弱的学生的评估偏见会减弱课堂生态的效果。沃尔瑞等人提出了课堂活动和规则的生态和谐评估，以此来确定学习能力弱的学生的功能性目标。这些研究大多在特殊教育领域里开展，应该和问题催生研究有关。

对课堂生态中学生因素的研究主要集中在学生行为生态方面，而且常见于儿童研究。达米科和沃顿对小学课堂中的同伴帮助关系进行了生态学视角的研究，结果发现，学生同同伴一起学习的能力因人而异，而且相差很大。泰利研究发现，环境支持能够为社会行为的发生提供机会，加大社会行为发生的可能性。1979 年，惠伦通过在准自然的课堂环境中的观察，对多动症男孩的社会生态特点进行了研究，并探讨了如何介入问题的解决。佩莱格里尼对课堂生态与儿童语言的关系进行了研究，通过实验证明了研究的两个假设：①不同的学习中心产生不同的语言功能；②能促进想象性游戏的情境比其他情境更能促进多功能的语言表达。孙芙蓉、谢利民、雅各布斯于 1989 年通过研究发现，其实非传统学生很勤奋、很智慧、很独立，他们之所以非传统，主要和他们的态度相关。莱昂内通过对行为失常儿童的社会生态研究，发现在特殊学校中行为失调的学生比传统学校正常的学生表现出更低的纪律与更高的教师控制。鲍尔斯连续出版了三本著作，其内容包含对微观课堂生态的研究。麦斯肯斯和伊塞尔代克对10所学校122名学生的最佳学习时间进行了研究，结果发现学习高效时刻与每天的某个具体时间关联不大，而是与课堂生态紧密相关，由此说明了课堂生态对学生行为效果存在影响。

20世纪末，生态学与系统科学的融合更加深入，开阔了研究者们探究课堂生态的视野，一些研究开始关注课堂生态系统内的信息流转。美国计算机专家马克·古兹迪阿尔教授从信息生态的视角探究了在计算机支持下的合作学习中信息的流转与认知。巴罗威和史密斯运用生态心理学等理论对课堂中的意义生成与交互进行了系统功能分析。博伊兰提出了“参与生态”的概念，他认为“参与”是学习的关键，并探讨了正式或非正式学习环境中参与的复杂性和多维性。课堂生态的研究开始关注系统的复杂性。

孙芙蓉、谢利民对国外课堂生态的研究进行文献回顾之后发现，国外对课堂生态存在两种理解。第一种观点认为，课堂生态等同于课堂环境，把课堂生态理解为课堂中教与学行为发生所依赖的环境。这种理解在已有研究中占有一定比例，这些研究把课堂生态理解为促进学生课堂内学习行为的课堂环境，包括物理的、空间的和建筑的变量。这种理解出现在生态学与教育学相融合的早期时候是可以理解的，生态学这个原本属于自然科学领域内的理论应用于社会科学研究，保留了原来自然生态的意象。但是随着现代生态学的发展，早期的理解就显得有些狭隘，因为生态学不仅关注系统的各个组分，更关注系统的各种关联。本书更倾向于西方研究中的第二种理解，即课堂生态大于课堂环境，课堂环境只是课堂生态中的一部分，把课堂生态理解为包括课堂环境在内的由课堂生命体和课堂环境互相作用而形成的综合体。

（三）大学英语课堂的生态系统属性

生态系统是由生物和非生物环境构成的统一体。任何一个生态系统都具有三个特征：①它是一个系统，结构上由群落和环境构成，功能上相互作用；②具有能量流动、物质循环和信息传递三大功能；③具有一定的自调节、自组织能力。大学英语课堂生态和一般课堂生态一样，具有这些基本特征。

陈坚林认为，英语教学是一个系统，因为英语教学是一个由许多相互联系和相互作用的部分（要素）按照一定层次和结构组成，并具有特定功能的有机整体。英语教学系统本身是一个完整的大系统，包括英语课程的方方面面。英语课堂是一个微观生态系统，具有生态系统的结构和功能特征。

英语课堂具有所有课堂的一般特征，它是一个由教师、学生、教学环境等要素构成的整体，整体内部各组分都有自己的功能，各组分之间、各组分与整体之间相互作用、相互依赖，构成一个功能更为强大的整体，这个整体就是一个典型的系统，具备系统的基本属性。

英语课堂具有生态系统的能量流动特征。自然生态系统内有生物群落和无机环境，课堂生态中有教师、学生（生物成分）和课堂教学环境（非生物环境），这些组分之间有能量的流动。有所不同的是，课堂生态属于社会系统而不是完全的自然生态系统，因此能量的流动并不是始于绿色植物的光合作用和化能细菌的合成作用。社会系统是靠人的大脑生产和输出的智能信息流来维持、推动的，课堂生态系统里的教师和学生是系统能量的来源，能量通过教与学的活动产生并实现流动，在这个意义上，教师和学生都是这个生态系统中的生产者。当教师或学生从课堂系统或其他组分中吸收能量实现自我发展时，他们又相当于异养生物，是作为消费者而存在的。当教师或学生把吸收的能量经过自身的内在作用输出时，他们又相当于分解者。所以，在课堂生态中，教师和学生兼具生态系统中生产者、消费者和分解者三种身份特征。

英语课堂生态在长时间无外部力量介入时，各生态因子之间的相互关系会逐渐趋于稳定和相对固定，进入相对的平衡态。换句话说，英语课堂生态具有一定的自组织能力，能够实现自然平衡。

二、大学英语课堂的生态平衡观

生态系统是指在一定空间内生物与环境构成的自然、开放的生态学基本单位，在这个单位中各种生命现象之间在生存过程中相互竞争、相互作用、相互依存，形成健康有序的状态。生态系统的基本特征是结构的多样性、系统的复杂性、能量的流动性、物质的循环性、系统的动态性和自我调节性。生态平衡概念是生态系统的下位概念，是生态系统进化链上的关键环节。生态学的平衡是生态系统远离平衡的“稳态”，即指在特定条件下生态系统内生产者、消费者和分解者之间及其与环境之间相互依赖、相互制约、相互调节、相互适应的稳定状态。换言之，形成和维持顶级稳定状态的生态系统的生态平衡是一种相对的动态平衡，是在生态系统的演替发展中，依靠其内部各组成之间以及系统与外部环境之间的相互联系和相互作用，通过不断调节系统内部的结构和功能而得以实现的。因此，所谓生态平衡，是指一个生态系统在特定条件下通过内部和外部的物质、能量、信息的传递、交换，使系统内部生物之间、生物与环境之间达到互相适应、协调和统一的状态。这种状态具有一定的自控制、自调节和自发展的能力，同时具有整体性、开放性、联系性、多样性和演替性等特征。

在自然界，只要在一定空间存在生物和非生物两种成分，并能相互作用达到某种功能上的稳定性，哪怕是短暂的，都可以视这个整体为一个生态系统。在地球上有大大小小诸多生态系统时刻发生能量流动、物质循环和信息传递，而系统处于相对稳定的动态平衡之中。同理可证，课堂生态系统是课堂主体之间、课堂主体与课堂环境之间在特定的空间内通过物质运动、能量流动和信息传递，相互作用、相互依存而构成的一个具有生态学意义的功能单位。课堂生态结构包含很多成分或因素，它们之间相互关联、相互制约，形成一个庞大的、网状的立体系统。课堂生态平衡就是课堂生态系统结构各要素在运行过程中自我调节并保持相对稳定的平衡状态。从宏观层面看，课堂生态平衡观是研究外语教育生态系统内部物质流、能量流、信息流运行和自我调节的状况；从微观层面看，课堂生态平衡观是关注课堂教学过程不同要素之间如何达到对称、平衡与稳定的状态。本书试图理顺输入与输出、学得与习得、“活”与“动”、内容与形式、预设与生成诸要素之间的关系，从而构建平衡、融洽、统一、和谐的课堂生态。

（一）输入与输出的平衡

克拉申的语言输入假说认为，语言学习是通过理解信息，即通过接收可理解输入获得的。在输入假设中，可理解输入是指稍微高出学生现有水平（i+1）的大量反复出现的输入内容。如果将学生现有的水平定为i，教学中所提供的语言输入就是i+1，其中1是不定数，指稍多于学生可以接受的数量。克拉申认为，输入材料的深浅与难易是以学生能够理解为度，能理解的东西就能习得。

但斯温却发现，在加拿大，母语为英语的学生的数学等理科课程全部都是用法语授课，法语教学采用的是沉浸式教学，这些学生有足够的可理解输入，可是他们的法语水平却不够理想，口语与写作水平仍达不到课程目标，即达不到输入假说的理想结果。在这种情况下，斯温提出了可理解性输出假说，其观点是：光靠可理解性输入还不能使二语学习者准确而流利地使用语言，二语学习者既需要接触大量可理解性输入，也需要大量可理解性输出，语言输出有助于学习者准确流利地表达语言。

近年来，神经语言学研究成果进一步支持输出假说理论并证明语言输出具有注意触发、假设检验和元语言三种功能。注意触发功能是指输出能引起学习者对语言问题的注意，使学习者意识到自己语言体系中的部分语言问题，进而触发对现有语言知识的巩固和获得新的语言知识的过程。如学习者在表达中出现语误后会有意注意相关问题，在无形中提高语言产出的准确性。假设检验功能是指学习者对目的语不断做出假设并对假设进行检验和修正的过程。元语言功能是指学习者所具有的关于语言的知识总和，即他们通过反思和分析语言所得到的关于语言形式、结构及语言系统方面的知识。元语言功能表明，输出能够使学习者控制和内化语言知识。

在语言学习中，输入与输出是互补互动、相互关联、缺一不可的。从整体上看，输入是第一性的，输出是第二性的。从相关性看，输入是输出的基础和必要条件，输出是充分必要条件。没有输入就没有加工和内化的信息，输出就会处于“无米之炊”的境地；没有输出，输入的信息就难以内化，输入就会停滞。输出能够强化语言输入的可理解性。当学习者在输出（言语交际）中出现困难（注意触发）时，为了克服交际障碍，学习者就会对所表达的意义进行协商（假设检验），对语言结构和表达方式做出相应的调整（修正），使语言输入变得更加可理解。在交际和交流中，输入和输出会互相转化。例如，口语交际双方，一方的可理解输出就意味着另一方的可理解输入；阅读中在读者与作者之间，读者的可理解输入过程就是解读文本意义的过程，即读者与作者的交流。这种转化实际上增大了输入量和输出量，输入使学习者增加信息量，输出使学习者增强语言知识的敏感性。

在大学英语教学中，英语教师应帮助学生达到输入和输出的平衡。例如，学生在用英语表达时往往会发现自己的语言能力与思维之间存在差距，会产生用适切的词语表达思想的求知欲。在这种情况下，教师就可以在语言输入中引入新词语和新知识，引起学生的注意和兴趣，促进可理解性输入和可理解性输出。在输入环节和输出环节之间还需经过内化知识的重要环节。内化知识相当于消化系统对食物的消化，在认知心理学上就是加工信息的过程。内化活动需要教师的设计和学生的参与配合。

下面以语法听写活动为例，讨论“输入—内化—输出”的过程。语法听写是以篇章为基础、以学生需要为出发点、以任务式活动为驱动、以学生为中心的一种教学模式。该模式分准备、听写、重构、分析纠正四个步骤。准备阶段由教师讲解语法听写的方法，解释听写短文中的生词，激活学生的心理图式，预测所听的内容，然后进行分组与分工。听写阶段是根据意群以正常语速朗读短文，要求学生记录关键信息。重构阶段是各小组通过目的语交流协商、共享笔记，把记录的关键信息还原为句法准确、句际衔接、语篇连贯、语义接近原文的短文。分析纠正阶段则是教师根据学生提交的短文，组织学生进行修改与评价。

从语言教学角度分析，语法听写活动体现了以学生为主体原则（教师的教学过程即学生的学习过程）、形式与意义并重原则（听写阶段侧重语言的意义，重构与分析纠正阶段注重句型选择、词的选用、句法准确、句际衔接和语篇连贯），以及小组合作互动原则（活动过程体现行动上的合作、知识资源的共享和思想方法的合作）。从认知过程分析，第一、第二阶段以输入信息和内化加工为主，第三、第四阶段以加工和输出信息为主。教师选择短文的依据是学习者的水平，短文难度应稍高于学生现有的语言水平，这与克拉申可理解输入的“i＋1”公式相符。从二语习得假设角度分析，语法听写活动使学生有机会接触大量的语言项目及语言形式，尤其是接触含有新的语言项目但又不难理解的语言输入。听写阶段，学生凭自己注意到的熟悉的词解码输入信息；编码阶段（即内化和重构阶段），学生必须利用自己记下的词汇并运用语法结构重构短文，有利于学生对所听材料进行假设，对可理解性语言输入进行诊断与测试，为输出新语言项目创设准备机会；分析纠正阶段，学生把自己重构的篇章与小组其他同学重构的篇章以及教师所提供的原文进行对比，获取反馈信息，唤起对语言的有意注意，并及时调整自己的假设，顺利输出语言信息，提高语言能力。活动过程由于内化加工的介入使输入和输出达到了平衡。

（二）学得与习得的融合

外语教学与二语教学存在很大的差异。就教学目的而言，外语教学旨在帮助学生掌握一种求取人生发展的语言工具；二语教学主要是帮助学生掌握一种在二语社会环境生存下去的语言工具。从学习动力分析，外语学习主要是工具性动力，学习是为了升学和就业等；二语学习主要是为生存而学习，有较强的融入性动机。从学习过程看，尤其是在入门阶段，外语学得的重要性比习得更为突出，因为外语学习的时间十分有限，而习得是一种自然学习，需要耗费更长的时间，过分依赖习得可能不太现实；二语学习的习得机会较多，对学得依赖相对少一些。在教学内容方面，外语教学由于缺乏目的语环境，教学内容更注重选择规范性的语言和具有生成力的语言材料；二语教学在目的语环境中进行，教学内容更容易选择贴近学生日常生活的素材，以帮助学生解决日常生活中的困难。从教学程序看，外语教学更讲究由简而繁、由易到难、由理解到表达的教学原则和逻辑顺序；二语教学则可打破这些顺序。

我国的英语教学是外语教学，外语教学应区分学得和习得。习得是非正式的、自由的、课外的、无意识的活动，习得的东西能自然地存储在大脑中，在一定语境下便会被激活。学得是正式的、集体的、课堂教育的、有意识的活动，有意识的学得如强记和诵读是必要的。在大学阶段光靠习得学习英语是很困难的，一是没有英语环境；二是时间有限，每周只有4～6课时；三是从青少年的智力发展来看，教学中不充分利用他们的生活经验和逻辑思维能力，过度追求习得是教育智力资源的浪费。在一般情况下，中学英语起始阶段应学得和习得并重，随着学生英语水平的提高、学习目的性和自觉性的提高，学得和习得的地位会逐渐发生变化，学得可以向习得转化。从教育效益和教学效果来说，学得与习得相互融合、共存互补，是最佳选择。下面以词汇教学为例，探讨学得与习得融合的途径。

词汇学习有直接学习和间接学习两种形式，也称隐性学习和显性学习。隐性学习是无意识的自动行为，具有习得的特性；显性学习是有意识的大脑活动，是学得的活动方式。隐性学习所获得的隐性知识是以局部独立的方式储存的，而显性学习所获得的知识则是局部连接的。交际语言教学法在处理词汇教学时，主张采用间接学习法。交际法的观点是，学生的注意力只要集中在某些方面，尤其是言语所传递的信息方面，不需要专门学习词汇就可以习得词汇。

实践证明，这种学习词汇的方式比较适合于学习母语词汇，而不一定适合于外语词汇学习。我国学者认为，在交际法教学中词汇教学除了间接学习外，还应当结合直接学习的方法，即让学生在短期内反复激活同一个词，如让学生做一些能将其注意力集中在词汇上的活动和练习，包括构词练习、猜字练习、背词汇表及词汇游戏等。在交际法教学中可以建构直接学习和间接学习的连续体，使学得与习得交融。比如，在课堂上提醒学生注意那些会影响交际或阅读理解的词汇，帮助学生从上下文猜测词义；也可以让学生课后多查词典，布置相匹配的课后词汇练习，进行有意识的词汇记忆。增加直接学习机会能提高学生词汇产出能力，因为增加直接学习机会就是增加学生在短期内复现同一个词的机会，即在不同的语境中接触同一个词的机会。

学得向习得转化是学得与习得融合的重要表征。中国学生学英语要经历“从不自觉到自觉”的过程。在“不自觉”阶段，教师对学生控制得多、硬性要求多，而学生自主意识和目的性相对淡薄，学习中学得的成分可能较多。在“自觉”阶段，教师对学生的控制较少，学生自主能力增强，学习性习得的比例会相应增大。事实上，语言学习中把有意识的学得形态转化为潜意识的习得形态是可行的，这种转化的关键在于教师。有经验的教师会设计各种恰当的教学任务活动，为学生提供互动机会，引导学生从学得出发，在活动中向习得转化。

（三）“活”与“动”的结合

活动是语言游戏和生活形式的常态，活动性是生活形式的主要特征，没有活动就没有实际生活内容，没有生活就没有语言活动。活动就是实践，活动是英语课堂教学的主要方式。活动是师生、生生之间信息传递、情感交流和能量流动的主要途径，是保持课堂生态活力的要素。王才仁创立的“双重活动教学法”是具有中国特色的外语教学法，也是研究活动教学极其宝贵的思想资源。他对于“双重”和“活动”有独到的见解和精辟的分析。

“双重”是指事物具有两种属性，是矛盾的统一体。事物的发展有可能走向两个不同的极端，这需要人们正确处理事物的各种矛盾。外语教学是整体系统，这个系统由六个因素构成，包括教学目的、主体、客体、渠道、环境和交际。具体地说，就是教学双目的、教学双主体、外语双信息、输入双渠道、输出双环境和交际双层次。外语教学双目的是指培养运用外语交际的能力和提高人的素质。外语教学双主体指的是师生两个主体。教师作为主体，其对象性活动是学生怎样学英语的规律；学生作为主体，认识的客体则是英语符号系统及其功能。外语双信息包括信息的观念性和物质性。观念性指语言内部的规则，物质性指实际使用语言的规则。外语信息输入双渠道是指外在的刺激和原有的认知结构、经验，即学生个体在已有经验和知识结构基础上通过与外界刺激的相互作用进行学习，主动、积极地建构知识体系。输出双环境是指学生的输出受内部和外部环境的制约。内部环境指学生通过学得而建立的“信息库”，外部环境指运用外语进行交际的人、地、时。交际双层次指课堂交际活动要在内容层次和情感层次的结合上进行，体现“情知”（感情和认知）两个过程的统一。

“活动”可以分为“活”和“动”两个概念，其中“活”指活化或激活，“动”指行动，即先活化而后行动。“活”是前提，是关键；“动”是目的，是归宿。“活”意味着把词语、句子活化为话语事件，把机械操练活化为言语交际，把语言内容活化为实际生活。“动”包括身体各器官动、认知结构动和人的主体意识动。教学中寻找新旧知识之间的关联性，抓住其中的连接点，设计温故知新的认知链，可以促使学生检索学过的知识，吸收和储存新的知识，从而驱动认知结构和主体意识。譬如，教授宾语从句应以特殊疑问句的规则和实例为依托，讲解现在完成时态必须跟一般现在时态相联系，训练书面表达应提示学生已学过的句型或惯用法等。这样做的目的是激活学生的认知网络，帮助他们整合、优化、建构新知识。教师在讲授新材料之前要先提供一些诱导性信息，即在内容的概括性、抽象性和包容性上都高于课堂学习材料的引导性文本，使学生在认知结构中形成与新的学习任务相关联的图式，加快理解新课文和组织新材料，这是活化后的意识和思维的行动。

在“活”与“动”结合中，教师的重要任务是活化教材，即把教材所承担的知识转换为言语行为，使之返回活生生的交际事实。活化教材就是把虚拟的人物变成课堂上的真人真事，再设计出一个便于学生参与的课堂活动，把文字转换为声情并茂的语言活动，使学生动起来。把静态的语言知识和图片活化为生动、形象、逼真的言语事件，是活化与激活的体现。这种有交际目的、有主体参与、有输出环境、情知合一的活动，是工具性目标和人文性目标的融合。

活动教学模式一般需经过五个步骤：引入—启动—输入—加工—输出。引入就是热身，引发动机，创造期待，以进入内容。引入也可以是“联旧引新”的复习。启动针对新的教学内容，教师应启而不发，设计出引人入胜的活动启动学生的思维，让学生处于积极的状态，通过师生讨论的方式呈现新的内容。输入一般分为两步。第一步是双渠道输入信息，具体步骤是：打开课本，让学生自己阅读文本，使呈现的内容落实到文字（即视觉通道输入），再反复听录音（即听觉通道输入），让学生直接接触信息源，保证输入的有序、密集、确切以及多渠道。这里强调的是学生“自己读”“反复听”，不要以领读代替自读，“听”不能走过场。第二步是教师的讲解，讲解要把握重点，采用启发式教学，起到画龙点睛的作用。加工环节旨在帮助学生围绕教材记忆教学内容，教师要组织典型环境中的典型活动以提高练习的意义性，吸引学生参与。输出环节是组织活动，引导学生结合实际综合运用所学语言，通过说和写产出，提高学生运用语言的真实程度和流利程度。

上述五个步骤渗透了教学目标、主体、客体、渠道、环境和交际等双重性原则，体现了“活动”的内涵和理念。总之，“活”与“动”的结合是一种动态的教学过程，它展现了鲜活的教学内容，调动了教学主体全身心地参与认知。“活”与“动”的结合是创生的教学取向，是融语言观、认知观和教学观于一体的实践。较之传统的“传授—接受”教学模式，活动教学理念无疑是一种超越和提升。

（四）内容与形式的统一

内容和形式是哲学、文艺学、美学中的一对基本范畴，也是重要的二项对立问题。任何事物都有其内容和形式。从哲学上讲，内容是指事物所含的实质，是构成事物的要素或元素；形式是指事物内容的组织结构和表现方式。文艺学、美学对内容和形式的关系做了深刻的分析，提出各种不同的观点，其中有一种观点即内容和形式是不可区分的。而修辞学认为内容与形式对立是客观存在的，作品的内容和形式是可分析的，且内容和形式具有层次性、主从性、互动性和离合性等特征，二者构成一个复杂的层级系统，该系统由多级层次单位递相组合，排列有序：语音和语言意义组成辞面，辞面与辞里组成话语，话语与题旨组成语篇。

在教育活动中，内容与形式演变为教学内容和教学形式。从语言教学角度看，区分教学内容和教学形式、讨论二者之间的关系不仅是可行的，而且是必要的。大体而言，教学内容包括课程目标和教材文本，这些内容既有显性的也有隐性的；教学形式是指教学的方法和技巧。教学内容是承载课程目标的载体，教学形式是达成课程目标的途径和手段。教学内容与教学形式之间至少存在主从性、互动性和转换性三种关系。

1.内容与形式的主从性关系

传统的观点认为，内容是事物的主要方面，形式是次要方面；内容决定形式，形式服从于内容；内容借助形式来体现，形式依靠内容而存在。英语课程的研制编写一般遵循“内容在先，形式在后”的原则。

2.内容和形式的互动性关系

内容与形式之间是平等关系。内容是某种形式的内容，形式是某种内容的形式。一方面，教学内容需要教学形式来表现，某一种内容可能需要多种与之相适应的形式；另一方面，教学形式需要容纳内容，把内容作为载体，某一种形式也可能与不同的内容相对应。换言之，同一种内容在不同的条件下可以采取不同的形式，同一种形式在不同的条件下可以体现不同的内容。

3.内容和形式的转换性关系

内容形式转换论承认内容和形式有所区别，认为二者是可以相互转换的。转换的途径有两种，一是从形式出发，把形式内容化；二是从内容出发，把内容形式化。这种转换可以提升形式和内容的本质意义，一旦转换成功，内容中就包含着某些形式因素和特点（即内容的形式性），形式中也包含着某些内容因素和特点（即形式的内容性）。在一定条件下形式可以转化为内容，反之亦然。

（五）预设与生成的和谐

生成性教学是一种融教学价值观、认识论、知识观与方法论于一身的教学哲学。生成性教学以学生生存发展为本，承认个体对知识的作用和价值，主张依据学生成长和具体教学需求选择方法，实现了对“预设论”教学观的扬弃与超越。目前，生成性教学中存在一些不良倾向，主要问题有两个：一是强调生成，否认预设；二是追求时尚，盲目生成。前者过分强调和夸大了课堂动态生成的作用，忽视或否认课前预先设定，误以为课堂教学设计越简单越好，甚至不用备课，让学生自主学习，让生成决定课堂，走入对预设与生成的认识误区。后者偏离预设目标和教学任务，随意生成活动，误以为凡是与“预设”不一致的地方都是“生成”，“自主学习”就是“自由活动”，课堂上可以放手让学生自己活动、自我生成，走入生成性教学的行为误区。

所谓预设，就是教师对课堂教学的系统化设计，是教师围绕教学目标，在系统钻研教材内容，认真分析学生的知、情、意等实际情况，对以往相关教学行为结果进行深刻反思的基础上对教学的规划和设想。所谓生成，是指教师在预设的基础上引导学生对已有知识经验重新组合，动态生成教学内容的过程，体现了学生学习的灵活和教师教学的机智。生成性教学倡导预设与生成的有机结合。

预设和生成是辩证统一的关系，二者在时间、主体和形态等方面有所区别。从时间上看，预设一般发生在教学活动开始之前；生成则主要发生在教学活动之中。从教学主体看，预设的主体是教师，既可以是个体活动，也可以是群体活动；而生成不是教师一人所能完成的，它需要课堂主体（教师和学生）共同建构，同时还需要课堂物理环境以及社会心理环境的支持，如教学情境和师生情感等。从教学结果看，预设指的是教师完成了预先设计的教学方案，学生达到了预设的目标；生成是指教师和学生都获得较好程度的发展。在形态上，预设完成的有形产品（如教案）是静态的；而生成的过程必然是动态的，因为师生之间的对话交往和情感沟通都是在互动中完成的。必须指出的是，预设过程中教师的思维活动或集体备课的群体互动也是动态的。

教学过程是一个复杂的动态系统，充满种种不确定性，生成是不可避免的，但这并不意味着预设可有可无。在教学准备阶段，教师针对教学目的设计、选择教学因素，形成一定的教学方案，这种预设非但不可排除，而且十分必要，它体现了教学的计划性，强调教师对教学秩序的规范与控制，强调学生对知识的接受、掌握与认同。预设与生成并不矛盾，预设是生成的基础，预设越科学、充分、合理，生成越良性、高效。精彩的生成离不开精心的预设，教师必须在课前对课堂教学任务有一个清晰、理性的思考与安排。因此，处理好预设与生成之间静态与动态、封闭与开放的辩证关系，有助于推动教学过程的良性循环，实现教学的优质高效要求。

预设是基础，是前提，没有高质量的预设，就不可能有精彩的生成。课堂上存在的“机械刻板”之类的缺点恰恰是教师在课前缺乏精心准备和科学预设造成的。之所以不能忽视或否定预设，是因为预设与生成是相辅相成、相互依存、相互补充的关系。

有预设就有生成，合理的静态预设会产生动态的生成。在英语阅读课教学中，预设是对文本的尊重，生成体现了对学生的尊重。教师设计实然性和或然性等开放性问题，会给课堂预留“动态生成”的空间。课堂上通过启动问题、设问激趣、诱导思考，酝酿和催化生成。预设要求教师深入地解读文本，体验、感悟文本的深度，只有先“披文入情”才能“情动而辞发”地预设，才能有效激活生成。预设要求教师全面分析学生的知、情、意，把握教材的结构，对每一个教学环节可能出现的情况做出预测，并思考应对措施。预设要讲究柔性设计，即课堂留有一定的弹性时空；要注重课堂具体细节，如组织活动、情境设计、时间安排、问题设置和作业布置等。当然，重视预设并非淡化生成，没有生成的预设必然是僵化的、缺乏生命活力的。

第三节　大学英语生态课堂的构建

一、大学英语课堂的结构分析

结构的“结”表示结合、联系之意，“构”表示构造、框架之意，结合起来，结构就是指若干组成部分按照一定的关系结合而成的一种架构，常用来表示事物的存在状态。结构主要包括两层含义：组分和关系，即由什么构成，以什么关系存在。

一个生态系统，有了组分还不够，还需要有一定的结构才可以运转，才可以实现其功能。生态系统的结构包括两种：形态结构和营养结构。形态结构指生态系统内部和外部的配置、质地、色彩。营养结构指以营养为纽带，把生物和非生物紧密结合起来，构成以生产者、消费者、分解者为中心的抽象结构。形态结构包括内部基本构造和外部呈现形态。一个生态系统的内部基本构造是比较清楚的，由生物（按功能可细分为生产者、消费者和分解者）和非生物环境（可分为无机物质、有机化合物和气候因素）构成，它们之间相互作用。营养结构中的生产者、消费者、分解者是依据它们在生态系统中的功能而划分的，与分类类群无关，所以又称为生态系统的三大功能类群。来自太阳的能量通过生产者的光合作用或化能作用进入生态系统，逐级流动，形成生态系统三大功能类群的营养结构。

将课堂生态类比为自然生态，其内部基本构造和营养结构也可以用自然生态解释。课堂的内部基本构造可以简化为人（课堂生态主体）和环境（课堂生态环境）两个维度。“人”相当于自然生态系统中的生物，课堂环境相当于自然生态系统中的非生物环境。其中，“人”可以细分为教师和学生，课堂环境可以细分为教材、教学手段、教室布置、教学氛围、师生关系、规章制度等。课堂生态系统中的这些生态因子相互作用、相互影响、相互依赖，共同构成一个生态整体。课堂生态的基本营养结构是：教师是生态系统里的生产者，将来自外部世界和自我经历的信息（知识）消化转换，以学生能够吸收的方式通过课堂环境传授给学生，学生消化分解这些信息（知识），再通过课堂环境给教师一定的反馈。

但是，课堂生态作为一种社会生态，又有与自然生态不同的地方。随着教育生态学的不断发展，人们对课堂教学本质的认识不断生态化，对课堂生态系统中的各生态因子以及这些组分之间的关系也有了更深的认识，促进了课堂生态的形态结构和营养结构不断进化。

传统的课堂结构观认为，课堂教学就是一个教师将知识通过一定的方式和手段传授给学生的过程。这个过程涉及很多教学要素，如教师、教材、教学观念、教学方法、教学手段、学生、环境等。传授知识的过程基本是单线流动的，方式以教师讲授为主，教学的目的是帮助学生成长。现代生态学的核心思想是追求和谐与共生，和谐指关系维度的和谐，共生指生物的共同生长。生态教学观认为，课堂是一个复杂的生态系统，系统各组分（教师、学生、课堂环境）之间相互作用、相互依赖，甚至相互交融和转换，形成各种关系，并保持和谐，以实现师生的共同成长。在课堂生态系统中，教师是系统内部信息（知识）的主要生产者，但不再是唯一的生产者，课堂环境中的某些因素也可以成为信息之源。同样，某些学生也可以成为信息之源、知识之源。学生主要是学习者，是信息的消费者和分解者，但部分学生在一定情况下也可以成为系统中的生产者，提供知识，在一定意义上履行教师的职责。在现代课堂生态中，教师也不再是单纯的生产者，还是系统里的消费者和分解者，在一定程度上吸收着来自学生、同事以及环境的知识。这样，教师和学生都同时具备三种功能身份，不过有主次之分，教师主要是生产者，学生主要是消费者。教师、学生、环境之间通过课堂交互活动，实现能量流动和信息流通。

关于课堂环境，传统结构观认为主要指课堂气氛和教室环境，现代生态教学观还没有形成统一的观点。瓦伯格和安德森把课堂环境分为结构维度和情感维度；穆斯把课堂环境分为关系维度、个人发展维度、系统保持与系统改变维度；艾礼逊、博伊金等把课堂环境分为社会或心理关系、教学的核心技术、物理结构及组织程序、纪律和课堂管理、态度观念及期望五个维度；李森等学者将课堂环境划分为自然物质环境、制度文化环境以及心理精神环境。以上分类方法视角不同，各有侧重。还有一种分类方法比较流行，就是将课堂生态环境分为客体性课堂生态环境、派生性课堂生态环境和客体性课堂生态主体三类。客体性课堂生态环境指那些独立于课堂生态主体的主观意识而客观存在的课堂生态环境因素，主要指物理因素，如教室的布置、仪器设备等。派生性课堂生态环境指那些由课堂生态主体派生而形成的课堂生态环境因素，如教材、教学方法与手段、班级学风、管理制度等，是社会环境和规范环境的组合。客体性课堂生态主体指作为客体性环境因素而存在的课堂生态主体，主要是就教师个人因素和学生个人因素而言的，包括教师专业素质、师生个性倾向等。这种分类方法也有难以理解之处，首先是“客体性课堂生态主体”作为一种课堂环境的名称容易引起歧义；另外，派生性课堂生态环境中的教学方法似乎也应该属于客体性课堂生态主体的范畴。

笔者认为，课堂环境应该分为以下三个维度。

结构维度，即课堂环境由哪些生态因子构成。心理学认为，环境泛指生物有机体周围各种条件的总和，是某一特定生物体或生物群体以外的空间以及直接或间接影响该生物群体生活与发展的各种因素。在这个意义上，课堂环境应包括课堂设施和布局、现代信息技术和教材等教学媒介，教师的教学理念和方法，学生的学习态度等。需要特别指出的是，社会生态中的环境也包括人，因此教师、学生在一定的条件和情况下也起着课堂环境的作用。

关系维度，即课堂生态系统中各生态因子之间的交互关系，主要是教师的情感态度、学生的情感态度、师生之间的关系、师生与环境的关系等。

文化维度，即维持和改进课堂生态系统运行的各种课堂文化和规章制度。

为了理解上的便利，我们可以从时空维度进一步理解课堂环境。第一个维度是课堂教学之前就确定了的客观情况，不妨称为课前生成的环境。第二个维度是通过课堂教学中的交互现场形成的情况，不妨称为课中生成的环境。第三个维度是通过课堂上的各种反馈而形成的学风或制定的制度等，不妨称为课后生成的环境。这三种环境是一种动态的概念，它们之间会随着时间的推移而相互转换。也就是说，这次课堂过程中的交互关系语境，如学生对教师的看法和态度，如果固化下来，就成了下次课的课前生成环境；这次课堂上形成的良好互动氛围，如果在下次课固化下来，形成班风，就成了下次课的课后生成环境。

从结构、关系和文化三个维度理解，课堂环境既影响着教师和学生的教与学，同时也受教师和学生的影响而变化。教师、学生、课堂环境之间以及他们或它们的个体之间实现着交互甚至交融，形成了网络状课堂生态结构。课堂生态的结构关系主要表现为交叉结构，其实质是教师和学生以课堂环境为中介的互动和发展。教师和学生在课堂环境中进行各种交互活动，同时给课堂环境带来新的质的变化，从而不断呈现出新的课堂形态结构。

上文所说的“课堂生态”，就是指课堂生态系统或课堂这个生态系统所表现出来的状态，它是通过课堂中各属性间的相互关系来表现的。课堂生态强调的是一个突然状态，具有客观存在性，即课堂“看上去”是一个什么样子，因此所有课堂都必然具有生态。生态课堂是个不同的概念，这里的“生态”是作为形容词使用的，意思是生态的或生态化的，词语的感情色彩趋于褒义。准确一点说，生态课堂是用生态主义的观点来理解课堂、建构课堂，是一种理想化的课堂，是一个教学效益最佳的课堂。生态课堂强调的是一个应然状态，即应该是一个什么样的课堂，具有主观人为性。生态课堂的内涵包括课堂中和谐平衡的环境生态、文化生态、行为生态、心理生态、关系生态等。生态课堂本质上是内外关系和谐的、利于师生共同成长的课堂生态。课堂生态和生态课堂的联系在于，前者是后者的内容和基础，后者是前者的方向和目标。构建生态课堂，可以立足于对现有课堂生态的考察、分析，使低层次、欠和谐的课堂生态系统发展为高层次、和谐的课堂生态系统。

二、大学英语课堂的功能分析

“功”表示功效、作用，“能”表示能力，结合起来，功能指有特定结构的事物或系统在内部和外部的联系、关系中表现出来的特性、能力。凡是系统都具有功能，系统的功能指由系统行为引起的、有利于系统所处环境中某些事物或整个环境发展和存续的作用。这里所说的系统行为指系统相对于它所处的环境表现出来的变化。生态系统有三大功能：能量流动、物质循环和信息传递，它们共同维持着生态系统的正常运转。课堂生态是教育领域里的一个微观生态系统，因此也具有生态系统的一般功能。具体地说，课堂生态的功能就是指课堂生态系统内部各生态因子之间的相互作用或系统与外部环境之间的相互作用给系统内外带来的积极作用，这种作用只能在系统与环境的相互作用过程中表现出来。结构和环境决定系统的功能。

课堂生态在形态结构上表现为教师、学生、课堂环境相互作用而形成的整体；在营养结构上表现为系统与外部环境的物质、能量、信息的交换和传递，以及师生依靠教学活动完成系统内部的物质循环、能量流动、信息流通，维持系统的正常运行。在这样的结构和环境中，课堂生态系统会对系统组分、系统本身以及系统所处的环境产生怎样的作用？对此，不同学者有不同的认识。

李森等人认为课堂生态的主要功能包括可持续发展功能、系统规范功能、动力促进功能和滋养功能。黄远振等人将课堂生态的功能概括为中介与传递功能、加工与建构功能、调整与适应功能、促进与驱动功能。窦福良从课堂生态系统内部的物质流动、信息交流和情感交流三个方面进行了阐述。张舒将其归纳为中介功能、联结功能、促进功能、动力功能和规范功能。潘光文总结出了四个功能，即滋养功能、环境参照功能、动力促进功能和制度规范功能。这些分类折射出对课堂生态的两种理解：①课堂生态是一个生态系统；②课堂生态主要指课堂环境，尤其指派生性课堂生态环境。笔者倾向于将课堂生态理解为课堂生态系统，系统运行和优化的目标是构建生态课堂。结合课堂生态的性能和生态课堂的表征，笔者从系统对内部结构、内部关系、系统整体以及社会所产生的作用中，归纳出以下四大功能。

（一）优化结构的功能

课堂生态的基本结构是相对稳定的，由课堂生态主体和课堂生态环境组合而成。课堂生态的营养结构也是比较清楚的，教师生产知识，学生消费知识，环境在过程中起着媒介的作用，其中教材扮演着重要角色，学生通过对教材的学习拓展自己的知识面，提升自己的能力。但是，随着生态理念的深入人心，许多固有的格局被打破。比如，教材不再是知识的唯一载体，网络和多媒体成为重要的知识载体；教师不再是知识的唯一提供者，学生可以互相学习，环境本身也具有一定的教育功能；学生不再是知识的被动吸收者，而是知识的体验者、探究者、发现者和创造者。在这些生态理念的推动下，课堂生态因子之间的互动随之发生变化，课堂生态逐渐由传统型向建构型、共建型等新的生态结构演化，在此过程中课堂生态系统得到不断优化。

（二）调谐关系的功能

教师和学生是课堂生态里面的生态主体，他们之间的关系是课堂生态的重要构成和主要关系。师生关系是流动的、互为依存的，通过课堂教学活动不断调整变化。生态视野下的课堂追求师生之间更多的交互，提倡学生更多的课堂参与，这些教学活动给系统输入新的动能，促成一种新型的、互相尊重的和谐师生关系的诞生。此外，生态视野下的课堂打破了传统课堂中教师和学生二元对立的模式，重视主体间性，强调学生与教师之间、学生与学生之间、教师与教师之间的多元互通。师生交互的过程中，必然伴随着情感的交流，情感信息在各种生态因子之间发生流动，形成情感交流的动态网络。学生的情感态度会影响教师的教学，教师的情感态度会影响学生的学习，师生在教学生态中不断通过反馈自我调整情感，使师生关系更加和谐。同时，课堂生态中主体与客体的关系也通过系统的反馈不断优化，关系趋向更加和谐。

（三）促进演化的功能

课堂生态是一个社会生态，系统的能量并非来自太阳，而是来自师生的课堂交互活动以及系统外部环境的影响。良好的师生关系、好的教学方法、好的学习资源、正面的社会期待等都能对教学产生促进作用。系统的信息主要来自教师对外部学习资源的转化以及自身的生产创造。伴随着能量和知识的输入，系统内产生了驱动力、信息流和智能流，它们在系统内流通，促进了师生的成长和环境的优化，促进了系统的运行和自然演化。最初来自外部环境的知识和智能最终通过学生的消化吸收，以学生对社会的贡献等方式返回到社会大生态中。

（四）生态育人的功能

生态系统的根本功能是提升生产力，课堂生态的根本功能是培育人才。这里的生态育人包含以下三层意思。

1.生态主体的共同成长

人是教育的核心元素，育人是教育的根本任务，所以课堂生态的功能归根到底是育人的功能。和谐与共生是生态课堂的根本属性，教师和学生的共同成长是生态课堂的最终目标。传统课堂主要关注学生的发展，生态课堂尊重生命的光彩，包括教师和学生。而且，教师的成长和发展又会反过来促进学生的成长和发展，生命的共同成长进入良性循环。

2.生态主体的均衡发展和可持续发展

传统课堂主要关注学生的学业成绩，学生的能力提升和情感体验被忽略。生态课堂更加关注人的全面、自由、个性发展，提倡多样性。可持续发展指着眼于学生的长远发展，注重自主学习能力的培养和终身学习理念的传输，最终通过人的可持续发展促进社会的可持续发展。可持续发展是现代生态学研究的重要领域和重要思想。

3.育人方式更加生态、科学

传统课堂认为，学生是教出来的，没有教不好的学生。生态课堂更加重视学生的主观能动性，认为知识是靠自己参与活动体验出来的，是靠自己探究发现出来的，要发展自己的判断能力和自主学习能力。因此，灌输式教学不是生态课堂的追求，建构式和共建式课堂是生态课堂的主要形态。

需要说明的是，系统的功能是由结构和环境共同决定的。系统的基本结构具有稳定性，但是系统的外部环境会发生变化，变化了的外部环境会对系统产生扰动，系统与外部的物质、能量、信息交换就会随之改变，系统与环境相互作用的过程和效果就会受到影响，最终导致系统功能异变。所以说，系统功能比系统结构具有更大的可变性。

三、大学英语生态教学模式建构的方法

教学模式是教师为实现特定的教学目标，依据教育教学规律，创造有利的教学环境，提高学生的学习效率和促进学生的学习效果所采用的教学规范或教学过程。有时，为完成教学任务，广大教师在教育教学实践中依据教学理论所揭示的教学规律，通过教学系统设计，选择、创造和运用行之有效的教学模式来促进教学改革。英语生态教学模式就是针对我国英语教学的特殊活动设计的有效教学模型。任何教学模式的运行

都离不开必要的实现条件，英语生态教学模式的实现条件是指能使教学模式发挥效力的各种条件及其生态要素，主要包括教师、学生、教学内容、教学环境以及实现条件间的互动关系。

（一）以教师为主的建构方法

教学活动离不开学生、教师两个主体。学生是“学”的主体，在以学习者为中心的教育理念下，充分发挥学生的中心地位意义重大。作为“教”的主体，教师在教育教学过程中则起着主导性作用。大学英语师资队伍建设对于深化大学英语教育教学改革至关重要。

1.生态教学观指导下的教师角色反思与转变

在大学英语课堂教学改革实践中，教师应对其所使用的课堂教学理念进行透彻的理解与把握，并且这种理解与把握还要外化为教师在课堂教学中的行为举止，即教师的角色。

“角色”一词源于戏剧，指舞台上的演员根据剧本需求来扮演某一特定人物。在现实社会中，它主要用来指个人在社会关系位置上的行为模式。把角色的概念引入大学英语的课堂教学中，目的是用其来研究与分析课堂教学中教师与学生的言行、举止、地位以及相互之间的关系。

传统教育观认为，在大学英语教学中，教师是领导者，是文化知识的灌输者，是绝对的权威；学生是被领导者和知识的接受者，处于绝对服从的地位。而生态课堂则以生态思维的方式重构课堂教学理念，师生平等相待、和谐相处是其最基本的特征。生态课堂模式下的大学英语教学生态系统是以学生为本、关注学生可持续发展的，生态课堂中的师生关系摒除传统的主客体之间的关系，强调师生是和谐相融、互惠共生的，这种师生关系的终极指向是达到师生的共同、全面、健康发展。为了实现此教学目标，必须对教师自身角色进行重新定位，并在此基础上建立新型的师生关系。

首先，教师应是课堂教学活动的组织者和学生学习的引导者。课堂教学是大学英语教学的主要渠道，教师的主导作用贯穿于课堂教学的始终。在组织大学英语课堂教学活动时，教师要根据教学目标和教学要求，根据学生的实际水平和需求，精心设计课堂教学的结构，组织安排丰富多彩的课堂教学活动与内容，帮助学生顺利完成学习任务。教师还应是学生学习和价值的引导者。教师相对于学生而言具有知识与经验上的优势，当学生学习遇到困难时，教师要引导学生正确理解学习的意义与价值，鼓励学生敢于面对困难、正视挑战，培养学生积极向上的学习观；当学生对生活、理想、人生、社会等基本概念和重大问题的理解导向出现偏差时，教师要充分尊重学生的自由意志和人格尊严，引导学生明白解决问题的关键所在，培养学生自己解决问题的能力。

其次，教师又是异域文化的传播者。语言是人类社会文明发展到一定阶段的产物，文化的传承与发扬主要是通过语言得以实现的。随着社会信息化、全球化的迅速发展，各个国家之间的交往日益密切，英语作为非常重要的国际语言担负着越来越重要的交流使命。这对大学英语教学提出了新的要求与挑战，即不但要培养学生实际的语言应用能力，还要培养学生的文化内涵与素养以及恰当地使用语言进行跨文化交际的能力，进而提高学生的整体素质与综合能力。因此，语言教学不能只是简单的语言知识与技能的教学，还应为学生开启一扇文化之窗，通过这扇窗，学生能够更好地了解不同国家和民族的历史、文化、风土、人情等，有利于学生借鉴与吸收外国优秀文化资源，丰富和提高自身的文化素养。

最后，教师还要成为大学英语教学的反思者。在如今的大学英语教学中，反思能力是一个生态型大学英语教师所应该具备的基本技能，它包括对教学设计、教学目标、教学过程、教学行为、教学效果等的反思。这种教学反思，不是简单的教学步骤的回顾与教学经验的小结，而是对整个大学英语课堂教学的全过程进行反思，与此同时，发现问题、正视问题，直至最终解决问题。大学英语教师只有不断地对自己的课堂教学进行反思与评估，分析其中的或缺之处，提出改进方案，才能成为生态型教师。

2.大学英语课堂教学中教师生态角色的定位

（1）生态关系的协调者

师生关系、生生关系、学生与教学环境的关系等是大学英语课堂中几种主要的生态关系。在教学过程中，教师应认识到自己与学生同为课堂生态系统中重要的生态因子，是有相同的权利与人格的。基于认识与职责，教师需要协调各种课堂生态关系，给予学生足够的理解与尊重，尽最大可能以公正、理性的态度来对待所有学生。教师除了要与学生建立民主、平等的良好关系外，还应对学生之间的协调关系及发展给予高度关注，在消除彼此之间矛盾的基础上，为学生创设团结互助、积极向上的学习环境。

（2）学习活动的引导者

随着社会的快速发展，学生获取知识的渠道也越来越多样化，教师的职能也逐渐从传统的传授知识及思想教育转变为学生各项学习活动的引导者。基于此，为了让学生学会学习，成为学习的主人，教师需要创设良好的探究学习氛围，对学生的自主探究及学习能力进行全面培养，在促进其分析与解决问题的能力提升的基础上，实现学生良好学习习惯及正确思维观念的养成，从而引导学生自主学习。除此之外，教师还应帮助学生开展社会实践活动，锻炼学生应用英语的能力，这也是英语教师引导学生发展的重要目标之一。

（3）学习热情的激发者

在现代教育理念的影响下，教师除了要传授学生知识，扮演好引导者的角色外，还需尽最大可能激发学生的学习热情及自主性思维。当前，信息技术发展迅猛，在促进社会进步的同时，也给学生带来了各色各样的诱惑，分散了他们注意力，导致其学习兴趣缺失。针对这一现象，教师需要采取一系列行之有效的方法来激发学生的学习热情。而为了达到让学生对前沿领域的资源学习及新课题的研究产生浓厚兴趣的目的，教师就必须提升网络技术水平，学会熟练使用多媒体设备，并借助其丰富教学内容，让自己的教学方式更能为学生所接受，从而进一步激发学生的学习热情与兴趣。

（4）知识迁移氛围的营造者

生态学理论显示，当一个物种发生进化后，与其相关的物种同样会出现协同变化，而在属于特殊生态系统的大学英语课堂中，则体现为学生、教师、课堂环境等生态因子的变化。当前，教师单方面传授知识的权威性愈发减弱，而作为课堂活动实践者的学生，不但担负着主动生成及建构知识体系的任务，同时也体现了课堂教学的效果，因而具备重要的生态意义。基于此，教师就需要扮演好促进学生知识迁移氛围的营造者，确保学生在开放、和谐的生态课堂中开展学习。

（5）学生学习的合作者

对于广大教师来说，向学生传授知识，使其形成正确的人生观、价值观只是工作之一，实现教学相长则为教学工作的本质所在。在大学英语教学中，教师扮演旁观者的角色，尽管能让学生占据主动地位，却存在不足之处。例如，有的学生由于自身英语水平不高，在与其他同学的交流、探讨过程中，可能会发生语法错误。基于此，教师应扮演好学生学习的合作者，有意识地加入各个学生小组的交流及讨论中。尤其需要注意的是，教师要通过建议的方式委婉指出学生的错误，切不可随意打断学生对话，以免影响学生的学习积极性及自信心。

3.新媒体环境下大学英语教学的生态建设

以教学资源、教学媒体等为主的教学总体环境，以及以教师、学生为主的课堂环境之间互相关联、互相作用，同时形成了可持续发展的课堂生态系统。传统大学英语教学系统具有以下特点：①师生间关系单向、不平等，教师处于主导地位，统领整个教学过程，学生处于被动地位，接受教师传授的知识；②教学价值目标趋于功利性；③外界环境相对封闭。而在新媒体时代，以教学资源、教师、学生等生态因子为主的大学英语教学生态系统，以英语课堂为媒介，利用新媒体实施动态教学并传递信息，从而保证大学英语教学系统的有序运转。大学英语课堂环境中的重复运动是在教学资源、教师、学生三者之间产生的双向非静态运动。在新媒体环境下构建和谐、互助、可持续发展的大学英语生态课堂要正确定位教师角色，明确新媒体地位，转变教师教学观念，恰当利用新媒体技术。

（1）新媒体环境下大学英语教师的角色定位

随着科技的持续发展和进步，各种新媒体、新技术逐渐走进传统英语课堂，电脑、投影仪、交互式电子白板等新媒体设备不断投入教学实践，与此同时，教育者的定位也在新的时代特点下呈现出新的多元化特征，从而对过往的定位提出了不同的要求和极大的挑战。这需要广大英语教育者重新审视并定位教师角色。以下基于教育生态学理论，分析新媒体环境下教学者的角色定位，以期构建一个公开、和谐、互动的大学英语课堂生态系统，激发学习者的学习兴趣，改善传统模式下的大学英语教学。

①教师是教学资源的建构者

新媒体环境下，原有的英语教学出现了新的模式，教师的角色定位也发生了改变。因此，教师应适时调整教学任务和课程设计，积极开发新的教学资源，如微课、慕课、多媒体课件和练习库等，以此作为教学辅助手段，提升教学效率和效果。同时，教师也可通过网络平台创建英语练习题库，以检验学习效果为主，提供听、说、读、写、译等不同形式的练习。教师要与时俱进，跟上时代发展步伐，及时收集、更新和整理相应的网络教学资源，并分享给学生，同时关注学生使用资源过程中的各种情况。英语教学应突显实用性，体现创造性，教师可以依靠新媒体资源，适当修改教材，调整教学大纲，丰富教学内容，完善评价方式，因地制宜，建立多元化、立体化、生态化的大学英语课堂。

②教师是学生学习的引导者

新媒体环境下，大学英语教师的角色从知识灌输者变为知识传播者，从学生学习的包办者变为学生学习的引导者。在教学过程中，教师应充分挖掘学生潜能，激发学生的学习热情，调动其学习积极性，营造合作、探究、互助、和谐的生态课堂教学环境，并以此为课堂教学基础，培养学生的自主学习能力，加强感性激励，鼓励学生探究实现学习目标的途径，努力成为学生学习的鞭策者。教师要积极探求各种有效影响因子，潜心分析教学对象，明确把握并加工处理课堂生态环境中各个元素之间的关系。教师应不断提升自身的专业技能，与时俱进，掌握前沿的文化知识，提高自身素养，构建有效课堂。另外，由于网络的普及以及微课、慕课的大量兴起，网络上的各种教学资源浩如烟海，教师要辨别、选择、加工出有用信息作为教学的重要资源。教师要积极培养学生的自主学习能力，帮助学生确定合适的学习策略、学习进度和学习目标，提高课堂效率。

③教师是学生学习兴趣的激发者

兴趣是学生学习的动力。在教学过程中，教师应选用合适的教材，精心设计教学内容，注意传授与接受的关系、理论知识与语言交际能力的关系，从总体上培养学生的语言运用能力。教师应完善课程内容，使之更具时代感、针对性和实用性，活跃学生思维。教师还应丰富课程内容，组织多种练习形式，实现个性化要求和因材施教的学习目的，制订多元化的课程设计，带领学生积极投入教学过程，把大学讲堂转化为理论传授和双方情感交流的生态场所。教师应致力于构建师生之间、生生之间互助、合作的关系，实现教师与学生、学习小组乃至整个班级的学生，以及学生与学生、学生与学习小组间的交流、合作，以实现共同进步的目的。这样的课堂教学气氛有别于传统的一成不变、死气沉沉的课堂教学，而是融洽的、公开的、平等的、互助的。学生可以通过与人合作探究，获得相应的成就感，增强自信心，产生归属感，激发学习热情，带动学习自主性，创造积极正向的大学生态英语教学课堂。

④教师是学生学习能力发展的促进者

新媒体环境下，网络资源为教师和学生提供了丰富的材料，教师可以根据学生的具体情况，制订适合学生发展的学习目标和方法，选择配套练习，加强语言技能训练。同时，教师也可以从网络上下载教学资料，不断调整和丰富教学内容，与学生共享教学资源，引导学生走向更宽广的知识海洋，鼓励学生主动获取知识，培养学生可持续发展的能力，使之顺应大环境发展的步调，达到当前产业界对高级外语人才的各项标准。在此过程中，教师是学生学习能力发展的促进者。

（2）明确新媒体在大学英语教学中的地位

新媒体应用可以说是一柄双刃剑，它给传统大学英语教学带来新异的教学方式和新鲜血液的同时，使原有的教学生态系统滋生出一些不良现象，很大程度上影响了教师的生态位，阻碍教师、学生的长期性发展。例如，部分教师过分依赖新媒体技术，将电子课件作为教学的唯一手段，课堂成了播放 PPT 的载体，难以吸引学生的注意力，导致课堂效率低下。有些大学生过度依赖互联网，借助网络平台抄袭作业等现象屡见不鲜。要消除新媒体技术对大学英语课堂教学生态系统的不良影响，就要综合、科学地认识和确定多媒体技术在大学英语教学过程中的地位。传统大学英语教学生态系统引入新媒体技术，有效改善了知识传播的环境，丰富了知识吸收的形式，加快了大学英语教学改革的步伐，深入贯彻落实了大学英语素质教育的方针，但必须时刻警惕，在享受新媒体技术带来的便利的同时，要尽力避免其带来的种种弊端，明确各种非传统技术在大学英语课堂中仅为辅助作用，不能过度依赖新媒体，而且不能忽略成本盲目增加新媒体设备，必须坚持适量原则，以满足师生和教学为目的。

（3）转变教师教学观念

当前，在信息化社会，大学英语教师深刻感受到终身学习的紧迫性，其观念体系受到巨大震动。因此，大学英语教师要重新调整观念，与时俱进，主动出击，不断反思，明确自身在英语教学中的生态位，采取各种方法，全面提升个人知识水平和能力素质，革新教学理念，并做出科学合理的调整。广大教师要正确认识新生技术在大学英语课堂教学中的作用和影响，改良授课模式，凸显新媒体技术在大学英语教学中的积极作用。教师应不断自我反省，深入分析教材内容、学生的学习行为、教学方法等英语教学中的生态因子，扬长避短，总结不足，加强改进。大学英语教师要努力进行自我提高，以实现自我价值，构建生态课堂，提高大学英语教学水平。

（4）恰当利用新媒体技术

新媒体环境下，要构建生态英语课堂，就要形成教师、学生、教学资源各要素间相互补充、相互支持的高效课堂。教师要充分利用新媒体技术，丰富授课方式，构建多元网络课程平台，打破教学时空界限，拓宽授课内容。教师可以引入慕课、微课等新型课堂形式，打破传统，不断采用新型授课方法，为学生量身打造个性化学习环境，全方位考虑不同学生的不同学习基础，因材施教。目前，大部分大学英语教师对新媒体技术的掌握程度并不高，具体体现在大学英语教师对新媒体技术认识不足，新媒体素养不高，难以适应并满足学生的学习需求，难以获取英语课堂的生态平衡等方面。

部分大学英语教师因循守旧，不接受新媒体技术，或者自身学习能力较弱，难以获取新媒体环境下的信息搜索、筛选以及整理的能力，不懂如何制作新媒体教学文件，更不会自觉主动分析和处理音频影像等教学资源，甚至因为不懂这些技能，而产生一种排斥心理，拒绝使用新媒体技术。然而实践证明，新媒体环境下的各种教学资源，包括多媒体课件、微课、慕课、音视频等能够极大地满足学生学习之需，充分提升学生英语学习的自觉性，使学生变被动为主动，从而改进英语课堂教学成效。

站在教育生态学的角度来看，多媒体课件作为一种课程资源，成为大学英语生态课堂中不可或缺的生态角色，这在某种程度上降低了传统教科书和英语教师的生态位。因此，重新调整自身的生态位，正确认识新媒体技术的重要地位，并加以充分利用，发挥两者最大的合力作用成为当代大学英语教师的关键任务。

（二）以学生为主的建构方法

1.丰富教学内容

综合运用语言的能力建立在语言知识、语言技能、学习策略、情感态度和文化意识等多种素养整合发展的基础上。因此，大学英语教学不但要关注语音、词汇、语法、功能及交际的语言知识，还要关注听、说、读、写等语言技能，更要关注学生学习英语的信心、动机、意志等情感态度的变化。教学内容应在发展学生综合运用语言能力的基础上，着重提高学生用英语获取信息、处理信息、分析问题、解决问题的能力，使学生形成跨文化交际的意识和跨文化交际的基本能力，并帮助学生形成健全的英语情感、态度、价值观，为未来发展和终身学习奠定良好的基础。

2.创造性解读英语教材

教学是师生之间、教师与教材之间、学生与教材之间相互作用的过程。因此，教师应该钻研和精读教材，充分领会教材的编写意图，把握教材的重点、难点和关键点。教师要创造性地解读和使用教材，根据所教学生的实际情况，对教材内容进行取舍、增补、调整和再加工。同时，教师还要处理好教材与课外学习资源之间的关系。教材是培养学生语言基础知识和基础技能的重要参考；课外资源是课程内容的补充，是学生对课堂内容消化、吸收和检验的重要方式。因此，在大学英语课堂上，英语教师应以教材为主，在进行基础知识教学和基础技能训练的基础上，进行课外学习资源的扩展，这样才能收到良好的教学效果。

3.变革教学方式

生态学的观点认为，教学应该打破“满堂灌”的局面，课堂教学应该是教学互动与相长的活动。在大学英语课堂上，教师应努力唤起学生的主体意识，充分调动学生学习的积极性、主动性，建立起师生互动、生生互动的课堂局面；教师还应该不断学习和反思课堂教学，促进教师专业发展。在生态的英语课堂，教师应该变革传统的教学方式，通过与学生的对话、提问、讨论、小组合作学习、角色扮演等学习方式，丰富与学生生活经验相关的教学内容，改善教学方法和提问方式等，充分调动大学生的英语思维能力，将教学过程变为师生积极互动、共同发展的教学过程。

4.完善课堂评价体系

评价不是教学的目的，而是促进学生发展的一种手段。为了更好地评价学生，以促进学生的发展，必须完善课堂教学评价体系。在课堂教学实践中，应让学生参与评价过程，主动发现问题，确定改正的方法。同时，学生在参与评价的过程中，也会提示和建议别人，从而实现评价功能向学生内在需求的转变。教师应注重学习过程的变化，多观察学生，为学生创造参与教学活动的机会，客观公正地评价学生。对学生在课堂发生的变化，教师应及时给予鼓励或批评，这样才能激发学生的学习积极性，使学生在每节英语课上都能感觉到自己的变化，同时使学生对问题的认识提升到一个新的高度。目前，很多学校把考试作为评价学生学习效果的主要手段，甚至是唯一手段。这种评价方法不能全面地反映学生的英语学习状况，也不能促进学生的全面发展。因此，大学英语课堂评价不但要评价学生的语言知识、语言技能掌握与否，也要关注学生的学习策略、情感态度、跨文化交际意识及能力的变化，还要关注学生个人修养、素质和人际关系的提升，以及自主、合作、探究能力的发展。

（三）以环境为主的建构方法

为学生提供尽可能真实的材料和尽可能真实的语境，已经成为当前大学英语教学面临的一项任务。为此，我们有必要从英语教学与日常生活的环境入手，对学生每天接触最多的校园软、硬件环境进行改造和建设，使之成为有利于英语语言习得的外在因素，并最终激发学生自觉提高英语综合素质的内在动力。

1.英语教学与校园硬环境的建设

校园硬环境主要是指校园及课堂的基础设施和教学环境，是学生每天学习、生活的主要场所。加强硬件设施的环境建设，最能激发学生的英语学习兴趣，培养他们理论联系实际、学以致用的实践能力。例如，在校园的各处建筑、景点、教学和办公等场所布置双语标识牌，英语教学单位的宣传板或通知栏使用英文作为工具语言，营造浓厚的英语学习氛围，培养学生对周围事物的语言认知。图书馆、电教室等学生学习的场所可以提供英文杂志、原版书籍、英文原声影视音像等英语资源，增加学生对英语的感性认知。在学生的日常生活场所，还可以建立英语角、英语沙龙、英语咖啡屋等交流空间，吸引和鼓励中外学生互动交流，让英语走出课堂，走进生活，为学生提供以英语为交流工具的真实环境，提高他们的英语水平。这样便可以让学生随时随地置身于英语的环境中，在潜移默化中培养英语语言习得和使用习惯。

2.英语教学与校园软环境的建设

校园英语软环境建设主要是指英语语言及相关文化背景知识在日常教学、生活各个环节中的合理使用和有效介入，对于促进学生英语语言习得具有示范引导的作用，有利于培养学生的跨文化交际意识。

首先，教师要保证在大学英语课堂中全程使用英语授课，鼓励和督促学生在能力范围内使用英语进行课堂互动，在教学中合理使用英语教学课件和辅助设备。

其次，在课堂以外，教学及教辅人员要处处起到模范带头作用，英语教师在校园中应以英语为主要交流语言，给学生课下答疑时尽量使用适合学生水平的英语表达。只有教师起到时时用英语的表率作用，学生才会达到处处练英语的学习效果。

最后，学校还应该为学生安排与英语有关的学习和文化活动，如组织各类英语演讲、影视配音、翻译比赛等，让学生在竞争中认识自己的不足，增强学生英语学习的进取心；组织各类与英语和西方文化有关的戏剧表演、文化节、创新实践活动等，激发学生的学习兴趣，开阔学生的文化视野，提高学生的英语应用水平。

当然，校园英语软环境的建设还远远不止这些，学校、院系和教师必须注重影响学生英语水平的环境因素，处处为学生创造有利条件和实践机会。

创设良好的校园英语软、硬件环境具有情景真实生动、语言丰富多样、理论与实践紧密结合等特点，不仅可以丰富教学资源和教学手段，极大地提升学生学习英语的积极性，还有利于学生在生动真实的语言环境中感受地道的英语语言表达，获得语言知识，并了解所学语言的运用环境，在潜移默化中提高英语综合运用能力和实践水平。

第八章　大学英语教学跨文化交际能力培养体系的构建

大学英语跨文化教学一直徘徊在语言教学的边缘，扮演着次要、附属和可有可无的角色，根本无法满足当前跨文化交际迅猛发展对人才的需求。本章将以跨文化交际能力三分模式为理论基础，从认知、情感、行为三个层面建构起跨文化交际能力的培养体系，以便更好地满足学生的需求和国际迅猛发展的一体化态势对于跨文化人才的需求。

第一节　跨文化交际能力培养的认知体系

大学英语跨文化教学中的认知体系，包括对于目的语民族也就是英语民族的文化知识、自身价值观念等方面的认识。在大多数专家学者的观点中，跨文化交际能力指的是语言使用者能够在目的语言的文化情境中得体恰当地使用目的语言进行交流沟通，并且能够用目的语言的思维习惯、情感感知方式去理解、表达自己看待事物的观点与看法，从而形成新的对于世界的体验的能力。就大学英语的跨文化教学来说，认知也就意味着对于教学理念、教学目标以及教学过程中一切看似矛盾但又各自密切相连的关系的处理以及教学原则的确立。

一、树立正确的教学理念

大学英语跨文化教学的开展应注重教学观念的更新、教学认识的提升。在大学英语跨文化教学中，教师要更新自身的教育理念，始终坚持语言教学与文化教学有机结合，从语言学习、语言意识、文化意识和文化经历四个相互联系的层面着手，充分发挥母语文化在文化学习中的作用。英语教师不能仅满足于做一个传授语言知识的“教书匠”，还应该努力成为一名会通中西的学者型教师。

近年来，体验式英语教学作为一种全新的教学理念和教学模式越来越受到英语教学研究者的关注。20 世纪 80 年代，大卫·库伯在总结约翰·杜威、库尔特·勒温和皮亚杰经验学习模式的基础上提出了自己的经验学习模式，出版了《体验学习——让体验成为学习和发展的源泉》一书，系统阐述了体验式学习过程。他认为，经验学习过程是由四个适应性学习阶段构成的环形结构，包括具体经验、反思性观察、抽象概念化、主动实践。他认为，学习是体验的转换并创造知识的过程，也就是说，在学习过程中，学习者把体验到的内容消化吸收，内化成为自身具备的知识并在实践中加以运用检验。体验式学习理论的提出对教学产生了深远的影响，其在教学理念上引发的变化，就是教学模式由原来的知识传授式转向了体验式。

基于体验式学习理论的体验式教学模式要求教师根据教学内容有目的地创设生动逼真的教学情境，使学生在较为真实的环境里有效获得所学内容，使其理论知识、应用知识得以扩展，技能、技巧得以提高。通过直接接触学习内容，学生能够亲自实践和体验，在自由独立、情知合一的情境下，培养实践创新的能力。体验式教学模式的核心就是体验直接经验。

建构主义理论是体验式英语教学理论的发展基础。建构主义把学习看作是一个建构的过程，要求学生在学习中积极主动，发挥主体作用。建构主义强调学生的中心地位，教师在整个学习过程中应该是学生意义建构的协助者、促进者，而不是知识的提供者和灌输者。建构主义的教学方法多种多样，各有不同，但教学环节中含有情境创设和协作学习却是其共性所在，学生不是简单被动地接收信息，而是基于情境创设和协作，最终主动地实现自身对所学知识的意义建构。

与以往以教师为主导的知识传授式教学模式相对比，体验式教学模式更加突出强调以学生为中心，认为自主学习十分重要，它更贴近学生内化的学习认知规律。真实语境的创设和模拟能够激发学生的学习积极性、参与体验的热情，使学生在真实语言的感受、体验中，发现语言的应用技巧、使用规则并应用于语言实践。这一理念反映了当代外语教学理论的新进展，既符合以往交际教学法的原则，又体现了任务教学法的特点。除此之外，体验式教学不受时空限制，多媒体、网络教学资源为体验式教学提供了更为丰富的体验渠道。利用多媒体和网络，体验式教学增加了学习过程中的趣味性，使学生积极、主动、快乐地学习、记忆语言文化知识。

文化不是一成不变的，不是一个静止的概念。文化是动态的，是随社会的变迁而变迁的。以往发生的事情会影响语言表达的含义，语言的意义也会对未来事件产生影响，未来的经历又会影响到具体的语言意义，这是一个周而复始的过程。在社会进步、发展的同时，世界各民族的思维方式、价值观念、生活方式、社会规范等各个方面也都在发生着重大变化。因此，大学英语教学的中心不再是以教师为中心的知识灌输，而是以学生为主体，加强学生的文化学习体验，培养学生自主学习、积累文化知识的能力，注重培养学生的文化敏感性，提高学生应对文化差异的主动性和自觉性。

因此，大学英语教学要确保跨文化教学的理论研究形成体系，以全新的教学理念、清楚的教学思路促进课堂内外的跨文化教学，在各个方面采取措施，加深教师对英语教学中跨文化教学的认知，使其更好地投入跨文化教学。

二、明确合理的教学目标

跨文化教学的目的在于培养学生具有用该社会认为得体的语言和方式进行交际的能力。学生必须了解目的语词语本身包含的丰富的文化内涵，以便掌握语言的使用规则。与结构规则相比，语言的使用规则更为重要。仅靠正确的语音、语调、语法，并不能保证交际的有效进行。通过跨文化教学，学生不仅可以了解生活在目的语文化中的人们是如何观察世界、对待事物的，而且能够了解他们如何用语言来反映社会思想、习惯和行为方式的，从而学会用得体的语言和方式进行交际。

除了对目的语的应用能力外，对异域文化的敏感性和容忍度在很大程度上决定了跨文化交际能否成功。学生要了解异域文化的思维习惯、认知模式等，同时还需对交际对象的文化背景、风俗习惯保持敏感和包容。在交际过程中，学生往往容易从自身文化视角去审视他国文化，而不去探索文化表象后的深层意义。大学英语教学应使学生通过直接学习、直接经验，加深对目的语文化的理解，站在对方的角度去看待他们的文化，提高跨文化交际的敏锐度、宽容性和处理文化差异的灵活性，从而实现跨文化交际的成功。因此，提高学生批判吸收外来优秀文化、发扬优秀传统文化的能力以及融会贯通中外文化的能力尤为重要，这既是英语教学中文化教学的发展趋势，也是跨文化英语教学的最终目标。

培养跨文化交际能力成为新时代英语教学的目标，这一目标的确定体现了英语社会功能的进一步演变，顺应了当今世界政治、经济、文化等的发展趋势，同时也是英语教学服务社会的需要。这一新的教学目标的实现要求教师更新英语教学观念，改革英语教学体系。

三、正确处理大学英语跨文化教学应面对的三种关系

（一）本土文化同英语文化的关系

对于中国学生而言，学习英语一方面是为了了解世界，另一方面是希望通过英语这个媒介，让世界来了解中国。英语交流是双向式的，但是在现实生活中，英语文化对中国社会文化产生了重要影响，如麦当劳、肯德基遍布中国大部分城市，美国流行音乐以及好莱坞影片备受年轻一代的青睐，圣诞节、情人节开始在社会上盛行等。因此，如何处理好英语教学中传统文化与英语文化的关系是值得我们思考的问题。

首先，重视学生的母语和母语文化的学习。语言反映一个民族的特征，它不仅包含着该民族的历史和文化背景，而且蕴藏着该民族的生活方式和思维方式。对中国人而言，汉语是我们的母语，母语使我们形成了汉语的思维方式，使我们传承和发扬具有自己特色的文化。

其次，承认“中国英语”存在的客观性，并使其达到国际交流的目的。英语是世界性的语言，世界各地出现了不同类型的英语变体，“中国英语”就是其中之一。但是在使用“中国英语”时要注意以下几点：第一，“中国英语”要具有可接受性，应尽量使之合乎英语语言的普遍原则，使之为英语国家的人所接受；第二，要用英语表达具有中国特色的文化，如清明节、端午节等；第三，如果在交际中出现与英语文化冲突的现象，要尽量解释，使之被以英语为母语的人所理解，从而达到国际交际的目的。

最后，在英语教材的编写上，要适当地加入介绍中国文化的英语素材，而不是全盘搬用体现西方价值观和文化观的素材。在大学英语教学过程中，教师可以适当利用母语，有意识地对比分析母语和目的语之间的语言形式、文化背景，比较两种语言文化的异同点，加深学生对不同语言文化的理解。教师要积极地利用母语对英语教学的

正迁移作用帮助学生更好地掌握英语。

总之，在全球化时代，大学英语教学要平衡英语文化与中国传统文化的关系，在引进西方文化的同时，也不能忽视通过英语或者“中国英语”来保护传统文化和向外宣传传统文化。

（二）英语功用性与人文性的关系

语言是交际的工具，更是人类文化的主要载体，是人类文明的集中体现。因此，英语具有功用性与人文性的双重价值。一方面，英语是人们用来认识世界、改造世界、进行交际交往的工具，具有功用价值；另一方面，英语又是人类用来进行文化传承、人文教育、人格塑造的途径，具有人文价值。学生通过人文知识学习语言，透过语言学习人文知识，在潜移默化中受其感染、暗示、引导，逐渐实现心理积淀，形成质文相宜的人文素质。

实用性在学校的英语教育中占有重要地位，甚至在大学英语语言文学专业教育中也出现了“强调实用性课程，淡化语言文学课程”的趋势。北京外国语大学的张中载教授曾尖锐地指出，在外语本身的功能性和市场经济功利的支配原则影响下，外语教学极易重“制器”轻“育人”，重“功利”轻“人文”。因此，学生的人文修养、人性的丰厚养育及提升更是我们急需面对的。陈平原教授认为，大学的意义不仅仅是科技进步，还包括精神建设。

考试和量化可以用来衡量外语的知识和技能水平，但却难以用来判断学生的人文素养。英语功用性的一面不可否认，但是不能忽视其人文性的一面。英语的功用性与社会的经济利益是紧密相连的，而整个社会是一个复杂的整体，包括政治、经济和文化诸多方面的内容。在经济全球化背景下，各种文化相互撞击、融合，中国与外界的交流是全方位的，在交流过程中，文化起着重要的作用。而英语本身就是一种文化，一种与英语国家的历史传统、现实场景相联系的文化。一个国家的语言、文化和教育是相互联系的，如果无视特殊的文化背景和国情，孤立看待语言问题就会迷失语言的整体性。

英语教学不能仅强调语言技能的教学，更应该重视对英语文化内涵的理解，培养学生的跨文化意识、跨文化敏感性、跨文化价值观以及国际理解能力等。21 世纪是一个全球化、多元文化共存的时代，学生应该学会与来自不同社会背景、文化背景，不同国家的人相处。英语是全球化的语言，英语学习的主要目的之一是理解异国的文化与社会，了解中西文化的差异，拓宽视野，促进个体在多元文化的社会中生存与发展。因此，在跨文化教学的过程中，要提倡英语文学、文化课程的开设，强调运用人文意识引导法、人文品格分析法等方法对学生进行人文素养的渗透，使得英语教学中的功用性与人文性相统一。

（三）语言教学与文化教学的关系

外语教学要考虑文化教学，原因有二：第一，要和使用另一种语言的人进行交往的能力不但依赖于语言技能，而且依赖于对文化习惯和期望值的理解；第二，跨文化理解本身也是现代教育的一个基本目标。如果学习一门外语没有领悟其深厚的文化，那么所有的努力都是徒劳的。不管是哪一个民族的传统文化、生活方式、民族心理和宗教信仰，乃至各种特定的思维模式，均依赖语言得以成形、积累、发展和传承。

语言与文化息息相关。语言学习的过程也是文化学习的过程。一个民族的语言总是反映和表达着这个民族的文化。从语言和文化的关系来看，语言承载着文化，同时又是文化的重要组成部分。语言与文化血肉相连，互相影响，互相作用，难解难分。

从目前大学英语整体的教学情况来看，语言与文化还是有失平衡的，教师对语言的工具性强调得过多，在实际的教学计划、教学设计和教学要求中，忽略了语言不可能孤立存在这一事实，人为地削弱了文化教学，将语言与文化或文学加以隔离。因此，正确地认识和处理语言教学与文化教学的关系尤为重要。

第一，语言教学与文化教学的过程是同时共进的。教师在语言教学的同时也必须进行相应的文化教学，具体表现为语言学得和习得机制与文化学得和习得机制是协调一致、同步进行的。盛炎认为，在第二语言的学习过程中往往会形成一种“自我疆界”，第二文化的学习目的就在于超越这种“疆界”，或者使这种“自我疆界”得到扩展，达到消除两种文化接触时所产生的障碍，使学生能够设身处地地站在以目的语为母语的人的位置上思考问题、处理问题、解决问题，达到真正移情的理想境界，获得全新的“自我认同”。

第二，语言教学与文化教学具有相互依存性，互为条件，互为补充。要了解一种文化必先了解其语言，要了解一种语言也必须要了解这一语言所赖以生存的文化。因此，离开语言教学的文化教学就会成为无米之炊、无本之木。而脱离文化教学的语言教学内容势必枯燥、乏味，无法激发学生应有的学习兴趣。从能力培养方面来看，单单讲授语言知识而不进行相应文化知识的教学，学生只能具备最为基本的语言能力，而不能得体有效地运用语言，成功地进行跨文化交际，达不到提高跨文化交际能力的目的。从培养机制来看，文化教学以语言教学为基础和前提条件，同时又对语言教学起着反拨与检验的作用，能够促进语言教学，夯实语言基础，提高交际能力。文化教学能够拓展语言教学的深度和广度，有效提高语言教学的质量。

第三，语言教学和文化教学相互兼容，不可分离。现代教育理念认为，外语教学只有把语言教学与文化教学合二为一，才是现代意义上的真正的教学。国内学者李润新曾用化学公式形象地把语言教学与文化教学之间相互兼容、彼此融合的关系表达为：语言＋文化＋教师（催化剂）＝语言交际能力（有机化合物）。只有语言教学与文化教学有机结合，才能达到外语教学的最高目的，使学生在教育的过程中真正获得跨文化交际能力。

四、确立大学英语跨文化教学原则

大学英语跨文化教学应遵循以下原则。

（一）以学生为中心原则

大学英语跨文化教学是以学生为中心的教学活动。学生的实际需要是教师进行课堂教学、编写教材、选择教学模式的依据。尽管基础语言知识和技能的传授仍然是大学英语教学的必要组成部分，但是教学过程应该以培养学生自主学习能力为中心，而教师的教学任务则是以启发和引导学生进行自主学习为主。在跨文化英语教学中，课堂教学的设计和教学活动的安排应该考虑到各种因素对学生的影响，需要注意和重视的不仅是具体的英语语言知识学习，还应该包括学生对本族语和本族文化的体验与理解、对目的语文化和其他文化的态度、个人综合素质的提高等。跨文化英语教学的目标和内容相对于传统的外语教学而言扩大了无数倍，而教学时间基本不变，因此为了实现教学目标，教师必须切实有效地加强对于学生自主学习能力的引导和培养。

（二）渐进性原则

文化知识像其他科学知识一样，也有其自身的科学体系。教师教授文化知识要合理地安排不同阶段文化学习的内容，符合学生的认知特点和思维发展规律。教学内容要按照学生的认知发展由简到繁、由浅入深、由粗到精，由形象思维到逻辑思维再到辩证思维，记忆也要经过由机械记忆到理解记忆等。文化教学内容的编排要从简单、具体的文化事件到概括性的文化主题，最后才应是对目的语社会的全面理解。文化教学内容要体现文化知识本身的逻辑结构及其系统性，既要注意各个层次文化知识内部的系统性和序列性，又要密切关注各个层次文化内容之间的相关性，如宽泛的文化环境知识和情境文化知识或价值观体系和社会规范之间的相关性，从以感性体验、感性认识为主逐步过渡到以理性认识和体验为主，帮助学生全面、系统、有效地理解和掌握目的语的文化知识。

（三）传授式与体验式相融合的原则

传授式教学利用讲座、讨论等途径传授知识技能，提高学生的认知和理解能力，帮助学生学习、掌握语言和文化知识，分析和理解文化差异，其不足之处在于学生在很大程度上处于一种被动接受的状态，在态度和行为层面的进步与发展难以实现。体验探索式教学则以学生为中心，创造真实或模拟的跨文化交际情景，让学生去感受、体验，使学生在认知、情感和行为各个层面都受到刺激，弥补了传授式教学法的不足。

两种方法各有所长。教师要注重传授式与体验式有机结合，使课堂教学活动多样化。教学活动既要有注重语言和文化知识的讲座、讲解，又要有触动情感、培养行为能力的角色扮演、模拟活动、参观访问等。语言和文化知识的学习要充分考虑学生的认知接受能力，遵循语言文化的学习规律。学生起初的体验探索应该是直观、具体、与其实际生活关系密切的实用问题，然后再逐渐转向间接、抽象的思维理念阶段，多层次、多渠道地进行教学，以习得语言的整体性为终极目的。

（四）反思与比较原则

跨文化英语教学的一个突出特点是将本族文化从学习背景中凸显出来，通过与其他文化进行比较，形成一种跨文化的氛围。在这种跨文化的氛围中，联系本族文化和个人体验进行外国文化和语言的学习可以刺激和保持学生的学习积极性，使学生对所学内容记忆更牢固，理解更透彻，应用更灵活。

跨文化交际要求学生了解本族文化与其他文化接触时可能发生的冲突和可以采取的相应措施，在外国文化学习过程中不断反思和对照自己的本族文化，对文化差异的具体表现有一个全面、深入的了解。学生要具备较强的辨别能力和文化对比敏感性，要能明确区分知识文化与交际文化，要能分清表层差别与内涵差别，要了解语言差别与非语言差别的表现，要知晓语言形式差别与语言意义差别的不同，要对词汇包含的文化内涵、习语背后的文化背景、句法的运用、不同语言风格的表达等进行对比学习。

由于对本族文化处于一种潜移默化的接受状态，不特别引导和刺激，人们很少会对自己赖以生存的文化进行反思。而增强对本族文化的意识和反思则对消除或减弱学生的民族中心主义思想，使其客观地认识自己的价值观念和行为习惯，从而培养一种开放、灵活的思维模式十分有利。因此，增强学生对自己本族文化的认识和理解是跨文化英语教学的重要任务之一，反思与比较是完成这一任务的重要手段。

（五）因材施教原则

学生的文化体验、价值观、世界观和思维等个人因素在跨文化英语教学中起着重要的作用，它们是文化教学（在一定程度上也是语言教学）的基础。因为跨文化交际能力的培养需要从学生现有的文化体验出发，通过将本族文化与目的语文化和其他文化进行对比，来增强跨文化意识。因此，在教学过程中，教师一定要尊重学生的个人体会、文化背景、价值观念、思想感情等，不能对学生及其思想感情持有轻视、蔑视、否定及批判的态度。教师应该对学生的个性、特点、学习基础、学习风格有所了解，并选择和设计合适的教学方法，因材施教。

第二节　跨文化交际能力培养的情感体系

跨文化交际能力的情感层面包括对不确定性的容忍度、灵活性、共情能力、悬置判断能力等。为了能够愉快、有效地进行交际，大学英语跨文化教学必须注重培养学生对异国文化的兴趣，使他们乐于了解外国文化，以开放、欣赏的态度对待异国文化。

因此，大学英语跨文化教学不能再像以前那样单纯地把目的语文化导入教学中，而是要进行双语文化的交叉交际教学。学生不仅要了解目的语文化和母语文化知识，而且要学会如何用英语表达这些文化，将已经掌握的文化知识内化为自己独有的、具有个性化的精神财富。学生要学会用敏锐的洞察力和恰当的移情能力理性地、批判性地接收各种文化信息，以博大的胸怀和高度的智慧妥当处理不可避免的各种中外文化冲突。

一、中西文化并重，用英语表达中国文化

在世界走向中国，中国也走向世界的今天，我们在借鉴和吸收外国的先进技术、文化精华的同时，也要向全世界介绍自己的优秀文化和科技成果。因此，学生要学会用英语来表达中国传统文化中独有的现象和思想。

外语教学中文化教学的目的并不是让学生归化于目的语文化（即削减性学习），也不是两种文化在学生身上的简单累加（即附加性学习），而是让母语文化和目的语文化在学生身上形成互动，让学生具备文化创造力。

教师要将西方文化教学有机地融入英语语言教学之中，并遵从“双向文化知识”导入的原则。只有在目的语文化与母语文化并重的教学环境中，汉语文化和英语民族文化才能在学生身上形成互动，并使学生由此产生文化创造力，加深并拓宽学生对汉语文化和英语民族文化的认识，帮助学生在立足于本土文化的基础上培养和提高跨文化意识、跨文化交际能力。

（一）发挥教育主管部门的监督引导作用

教育主管部门首先要做到与时俱进，时刻注意世界发展的动态，收集和掌握跨文化交际活动的各种详尽信息，采取措施，引起各部门、各学校以及各领域专家对于跨文化交际的重视和合作；其次，要将用英语表达中国文化的重要性记录在各类文件和大纲中，并使其呈现在不同英语教学层次的测试之中，充分发挥自身在文化教学方面的监督引导作用；最后，要在英语教学中实现中国文化教育的传授，要求各相关部门、各相关领域的专家学者以及各教学单位共同协作、相互沟通，将所制定的有关政策切实地实施起来。

（二）提高教师自身的文化素养和教学水平

英语教师需要拥有较强的中西文化背景知识，并能够有意识地培养学生的平等文

化观，使学生能够使用英语表达中国文化，并有效地提高教学效果。教师不仅应该具备这种文化素养和宏观意识，还应该注重微观方面的具体教学操作过程。例如，教师可以通过比较两种文化，向学生介绍一些中国文化的英语表达方法，平衡外来文化与本族文化之间的讲授比例，同时按照实际需要给学生分配一定数量的文化对比作业任务，进一步强化他们对两种文化的理解，使他们能够更加自如地运用英语表达中国文化，掌握相关的知识结构和表述方式，最终生成文化创造力。

（三）提高学生参与跨文化交际活动的主动性

参与外教课和类似于模拟真实生活情境的教学活动可以培养学生参与跨文化交际活动的主动性，使其感受跨文化交际活动的深刻意义。学校和教师还应该鼓励学生积极参加国际性的各种跨文化交流活动。例如，各种国际性赛事、国际性会议以及其他大型活动需要大量的工作人员和志愿者，这为学生提供了难得的参与真实的跨文化交流的机会，教师和学生都要多注意收集这些资讯，并主动地参加各种跨文化交流活动。

学生要具备良好的语言和文化基础知识、技能，并积极参与跨文化交际活动，从中认识到中国文化愈来愈受到世界关注，意识到用英语表达中国文化的困难之处，进而自觉地产生对中国文化的高度认同，积极地增强用英语表达母语文化的能力，建立进行跨文化交际的自信心，最终实现有效传播中国文化的目的。

二、消除母语的负迁移作用，发挥母语的正迁移作用

从本质上说，大学英语教学是通过东西方两种文化的交流和融合，在学生早已形成的汉语言文化背景中移入英语语言文化，最终使学生拥有双语能力，并能够了解两种文化不同的思考方式的过程。在学生的汉语文化背景已经形成的情况下，汉语的文化迁移在英语学习中会不可避免地发生。

在学习过程中，学生已有知识对新知识学习发生影响的现象被称为迁移，促进新知识学习的迁移被称为正迁移，阻碍新知识学习的迁移被称为负迁移。文化迁移是指由文化差异而引起的文化干扰，表现为在跨文化交际中或外语学习时，人们不由自主地用自己的文化准则和价值观念指导自己的言行、思想，并以此为准则去评判他人的言行、思想。大学英语教学要重视这种迁移，逐步提高学生的文化素养，使其认真学

习英语国家的文化知识，提高学生的文化敏感性，逐渐消除文化迁移对英语学习与使用的影响。

因此，大学英语跨文化教学应设法预测学习过程中可能会出现的文化迁移，通过对英汉两种语言进行分析比较，消除母语的负迁移作用，正确地利用母语的正迁移作用，从而提高大学生的英语语言交际能力。

教师应高度重视中西文化因素在大学英语跨文化教学过程中的重要性，提高学生对中西文化差异的敏感性和适应性，树立文化意识，在传授语言知识的同时同步传授文化知识，根据学生的现有水平、接受能力和理解能力，确定文化学习的内容。

语言作为音义结合的符号系统，会随时间、空间和社会需要的变化而产生不同的变体，大学英语教学可从语音、词汇、句法和篇章等具体层面建构语言的文化功能。同时，教师可以让学生通过看电影、看录像、参加外国文化知识专题讲座等具体的语言实践了解英语国家的文化知识。另外，大学英语教学可通过汉语与英语的对比，有意识地探讨两个语种的语言结构、文化内涵的异同，从而帮助学生逐步形成跨文化交际的意识和文化敏感性。教师应在比较的基础上，精选出英语文化中主流文化的内容和有比较突出的文化特征的内容，如文化习俗、饮食习惯、地理特征、宗教信仰、历史事实等，予以专门讲解分析，进而促进英语教学。

文化蕴藏于语音、语法、词汇、对话、篇章乃至认知模式的各个层面。在大学英语教学中，学生应循序渐进地接触西方文化，而不是偶然、盲目、无目的地接触西方文化。因此，教师应根据各阶段教学过程的特点，通过中西文化的系统对比，使学生有意识、有目的地了解英语的思维和认知模式。

在教学中，教师应注意搜集、积累并充分利用英语文化背景知识和社会风俗习惯的实例。实际上，许多语言材料都以家庭成员之间、朋友之间的交往接触为素材，如果结合录音、录像进行教学，一定会使学生产生犹如与人面对面交谈的临场感。教师在教学中还应指明语言材料的文化意义和在使用中的文化规约，这种文化背景知识的教学不仅会使学生对所学内容有更深刻的理解，而且会极大地促进教学质量的提高。

此外，教师还可以鼓励和引导学生在课外有选择地看一些原版电影和录像片，在圣诞节、复活节等西方特有的节日里开展一些课外活动等，让学生充分了解西方人的风俗、习惯、礼仪等，以培养学生的跨文化意识和良好的学习习惯。

三、树立平等意识，加强文化移情能力的培养

世界各国的文化各自有其产生与发展的历史渊源，各具特色且彼此平等，共同构成了世界文化。因此，在跨文化英语教学中，英语教师要注重教育学生充分认识世界文化的特性，帮助学生树立语言、文化平等观，提高学生的多元文化意识，加强学生文化移情能力的培养，使学生能够以平等的心态来对待外国文化，以科学的标准去把握中国传统文化。

（一）树立平等意识

众所周知，不同文化之间的交流能够丰富彼此的文化，但是这种交流是建立在平等基础上的。学生首先要认识到不同文化在接触时由于文化差异产生碰撞和误解是正常的。

在不同文化接触过程中，要了解、尊重彼此的文化，宽容地对待文化的不同点，只有这样才能实现不同文化之间的真正交流与理解。跨文化交际是两种或者两种以上不同文化之间相互交流的过程，交流双方应该充分了解对方的文化特点，尊重对方的文化习惯，相互体谅。

任何一种文化都有其能够长期持续发展的原因。没有一种文化可以凌驾于其他文化之上。对于不同的事物，要协调他们之间的不同，达到和谐统一，从而促进其发展，形成不同的新事物。因为事物是不同的，因此在其相互交流过程中会发展创新。如果所有事物都是相同的，那就不会有发展，也就不会有新事物的出现。事实上，不同的文化一方面要保持自己所特有的特色，另一方面要相互交流、融合，形成一种动态的平衡。

学习外语是进行跨文化交际的需要，其目的主要有两个：一个是与所学外语的使用者成功地进行交流，从而了解、学习他们文化的精髓；另一个是用所学外语准确地介绍、传播本民族的文化特征，让世界更好地了解本民族，从而减少在跨文化交际过程中所产生的误解、冲突。因此，任何放弃本民族的文化特征而去单纯学习外语的观点都是错误的。每一种文化都有其独特的优点，都是人类解决各种问题的经验总结。在跨文化交际过程中，每一种文化都应该取长补短，不断充实自己。学生应该重视对西方文化的学习，但是不应该以西方文化为尊而否认本民族文化的优点。在跨文化交

际过程中，要彼此尊重，在平等的基础上进行交流，相互比较、鉴别，相互吸收、融合，共同发展。

为了适应多元文化时代的需要，我们必须打破母语文化与目的语文化的桎梏，包容、尊重和理解文化差异，积极寻找文化之间的共性，树立语言文化平等观，在动态的交际语境中，不断调整文化参考框架，不断地相互协商，积极地建构跨文化交际的过程，从而实现共同期待的交际目标。在英语教学中，教师应该让学生接触不同的文化，而非单一的目的语文化，以便增长他们的见识，培养学生主动地、动态地去“适应”多元文化交际的意识和能力，最终实现人文性的英语教学目标。

（二）培养学生文化移情能力

1.文化移情

文化移情是指在跨文化交际过程中，交际者自觉地站在对方立场上思考问题，有意识地超越本民族文化的定势思维模式，突破自身文化的约束，从另一种文化的角度来思考问题，从而能真实地感受、领悟和理解另一种文化。文化移情是跨文化交际中一种有效的沟通交流能力，是连接交际者的语言、文化和情感的纽带。

在有效的跨文化交际过程中，文化移情能力是指交际者尽量置身于另一种文化模式中，设身处地地思考，通过语言和非语言行为去体验、去表达，从而向交际另一方表明已经充分理解其交际内容。文化移情主要表现在两个方面：一方面是语言语用移情，指的是说话者刻意地使用某些语言向听话者传达自己的某种心态和意图，以使听话者准确地领会说话者的话语含义；另一方面是社会语用移情，指的是交际者自觉地站在对方的立场上，尊重彼此的文化习俗，宽容彼此的文化不同点。一个具有良好文化移情能力的人应该是与时俱进的学习者并持有态度开放的文化价值观。

文化移情能力直接影响着跨文化交际是否能顺利进行。由于文化差异，人们的文化取向、价值观念、宗教信仰、伦理规范、思维方式、生活方式和习惯等都不相同，在跨文化交际过程中，不可避免地会产生文化冲突，如果交际者文化移情能力强，他就能摆脱自身文化所形成的定势思维，从而自觉地避免不必要的文化冲突，保证交际的顺利进行。

2.文化移情的必要性

世界各民族在相对独立的环境下各自发展，形成了各具特色的文化。各民族的文化都植根于本民族的土壤，都具有鲜明的民族特色。各民族在社会背景、政治和经济制度、文化传统、习俗等方面具有自己的民族特质，同样地，在民族意识和语言文化上也呈现出很大的差异性。交际者已习惯于本民族经过长期积淀而形成的语言模式和交际模式，在跨文化交际中，如果没有文化移情的意识和能力，很可能以本民族的交际模式同来自其他民族文化的人进行交际，最终可能因文化的不同而导致隔膜、误读乃至冲突。例如，中国人一般在得知亲人或朋友生重病住院后，会在第一时间赶过去慰问，以表关切，而病人见到来慰问的亲人或朋友也会感觉很温暖。而美国人在同样的情形下可能会考虑尽量少些打扰病人，病人本身也希望多些静养。因此，交际者必须具备文化移情的意识和能力，才能在跨文化交际中冲破文化障碍，减少误会及文化冲突，达到有效交流和沟通的目的。

3.文化移情能力的培养

要具备文化移情能力，首先应该注重培养交际主体的文化敏感性和宽容性。主体首先应该把交际客体视为与主体在文化价值观、信仰、态度、思维方式、审美方式、行为方式等诸多方面都存在着差异性的对象。为了避免文化碰撞，交际主体必须了解对方文化中所奉行的社会规范和语用规则等。提高跨文化交际中的文化敏感性，主要在于提高感知的敏感性。跨文化交际中产生的问题，主要是由感知方式的差异引起的。

每种文化都有自身的渊源及特点，它同语言一样无高低优劣之分。交际者应避免成见与偏见，与对方建立平等的关系。只有对异国文化不断增加理解，并对其持尊重和宽容的态度，跨越心理上的障碍，才能真正实现移情。在跨文化交际中要实现移情要经历六个步骤：一是承认差异。世界是多元化的，不同的人看到的世界也是不一样的。因此，无论是个体还是文化之间，都存在着很大的差异性。二是认识自我。对自己的优缺点有一个客观的评价。三是悬置自我。想象自己是任意的界域，是超出自我和世界的部分。四是体验对方。想象自己处在别人的位置上，设身处地，真正体验、理解另一种文化。五是准备移情。做好移情准备，与时俱进，并持有态度开放的文化价值观。六是重建自我。在享受另一种文化所带来的激情与欢乐的同时，交际者要对自己本民族的文化有着清醒的认识，要认识到本民族文化的优势。

总之，文化移情是多元文化之间有效沟通的重要途径。在跨文化交际中跨越文化障碍，成功地进行交际，必须借助文化移情。因为文化具有平等性，文化移情必须坚持适度原则。每个民族都应该积极维护民族尊严，不卑不亢。在外语教学中，教师需重视对学生文化移情能力的培养。英语教师应在正确的文化移情理论指导下，利用课外时间，通过适当的实践活动，增强学生运用英语语言知识和其文化知识的能力。这样的实践活动有很多，如观看英文原版影视作品，举办英语演讲比赛、英语征文比赛、英语书法比赛，学唱英语歌曲，背诵英语诗歌，开设英语广播，发行英语手抄报，举办英语晚会，组织英语角等。学生也可以通过网络与外国友人聊天、交笔友等。这些实践活动可以强化学生的文化移情意识、锻炼学生的文化移情能力，从而使学生适应全球化态势下的多元文化交流，保证跨文化交际能够顺利完成。

四、建立跨文化交际意识，提高文化认同度

在英语教学中，大部分学生都能够生成符合语法或句法规则的句子，但其表达方式往往无法做到“地道”二字。这是因为这些缺乏英语味道的句子忽视了习得语言中的文化因素，从而导致交际失败。这主要是交际双方未能达成文化认同而造成的。

文化认同是个人对于自身的文化及所依附的文化群体产生的归属感，并在此基础上获取个体文化，同时对其加以保留与丰富的社会心理过程。文化认同涵盖了对社会价值规范、宗教信仰、风俗习惯、语言、艺术等方面的认同感。日益频繁的国际合作使各国家、各民族之间的关系更加紧密。不同民族一方面不断地壮大和创新自身文化，另一方面又都在潜移默化地与其他文化进行密切的交流和互动。在这一过程中，人们不断地对本族文化和异族文化进行异同对比并对此产生深入的认识和了解。不同民族之间以寻找共同话语为前提，放弃或变革一些原有的看法和行事标准，达成求同存异的目的，同时还要加强自身文化自觉性，树立跨文化交际意识，提高对于本民族文化的认同感，确保本民族文化的生存发展权利。

在跨文化交际中，人类需要在不同民族的交往中建立相互的文化认同感，从而克服跨文化交流中遇到的阻碍。

文化认同是人类在对自然认知基础上的提升，可以对人类行事准则和价值取向产生决定性影响，它是人类对于文化的内涵产生的共识与认可。基于此，文化认同经常作为语用原则指导具体的跨文化交际活动。

马冬虹认为进行外语教学时，教师应该自觉地对中西文化进行对比，着重介绍中国文化，让学生充分地了解优秀的中国文化，并能够注意引发学生的民族自豪感，指导学生完成中国文化的英语表达，借此推动中国的传统民族文化精华在国际上的传播。同时，英语教学可以让学生更加了解世界和中国，而精通跨文化知识的学生能够让世

界更加了解中国，让中国优秀文化走向世界。本族文化的接受往往是一种潜意识的状态，由于缺乏有意识的引导和刺激，人们几乎不会反思自己赖以生存的文化，即使偶尔有类似的想法，也常常困惑于文化现象的繁杂无序，从此望而却步。进行文化教学就是为了加强学生对本族文化的了解和掌握，防止学生产生民族中心主义思想，帮助他们理性地认识自身的价值取向和行事习惯，进而培养他们养成开放、灵活的思维模式。费孝通认为文化自觉需要经历一个艰巨的过程，认识自己的文化是前提条件，然后再了解周围的多元文化，才能够在现今的多层次文化世界里定位自己，自觉地适应多元文化的存在，并和各种文化不断地碰撞、交流、互补，共创一个普遍认可的、集各方之长、和谐发展的交际秩序和共处守则。

第三节 跨文化交际能力培养的行为体系

跨文化交际能力的行为层面包括解决问题的能力、建立关系的能力、在跨文化情境中完成任务的能力。在跨文化外语教学中，教材的选用与教学策略的运用等行为体系直接影响学生跨文化交际能力的培养，是影响任务完成情况的关键因素。

一、确定大学英语跨文化教学教材的编写特色

教材是教学内容的主要承载者，是教师和学生教与学的主要依据和向导，是完成教学任务、培养学生跨文化交际能力的关键。因此，教材选材既要考虑提高跨文化交际能力所涉及的各个方面，又要注意设计形式多样的练习对学生在纷繁复杂的跨文化语境中进行交际所需要的各种技能加以训练。如从跨文化知识的导入入手，解释语言表达中的文化内涵，扩大与文化有关的知识面；通过案例分析与点评，提高学生的全球意识与跨文化敏感度；通过情景模拟、角色扮演等让学生接触各种跨文化语境中的文化冲突，以培养学生观察与分析跨文化问题的能力。这些方法都是提高学生实际能力的关键要素与途径。只有在现实语境中培养学生的跨文化交际能力，学生的知识积

累和跨文化意识才能得以应用与体现，才能将知识转换成跨文化交际能力。

（一）教材应体现文化内容与语言内容的自然融合

大学英语跨文化教学教材内容的编排应以文化主题为单位，每一个部分都要重点突出文化、突出语言，在潜移默化中，让学生灵活、牢固地掌握语言的使用。语言内容和文化内容的有机结合，是跨文化交际英语教学的核心思想。语言和文化同为教学的目的和手段，两者不可分割。在教材中，系统的文化主题构成教材的主线，而语言教学的内容实际上与文化内容融为一体。教材要充分考虑学生学习英语的需求、语言环境、知识结构和层次等多方面因素，包括社会习俗、历史、宗教，特别是价值观等方面内容，介绍西方不同国家的文化元素和中国传统文化，融入中西文化对比研究，让学生学会如何对待差异。

教材要有助于培养学生的批判性思维技能。学生要以一种审视的眼光与批判的思维方式，看待目的语国家，体验与本国文化的不同之处。教材包含和传授的内容要充满积极的、使人奋发向上的精神，要将人类优秀的文化、高尚的思想道德通过语言潜移默化地传授给学生，要对学生世界观和价值观的形成产生深远的影响。

教材在题材的选取上要恰当地处理好以下几个方面：

第一，适当地介绍目的语国家的历史、民族构成、政府机构、政治情况、经济发展与教育情况的基本特点，使学生对于目的语文化有较为全面的了解。

第二，选取母语文化中较为独特的、优秀的侧面，增强目的语文化与本族文化的对比，培养学生对于文化差异的感知力和敏感性。

第三，不可局限于本族文化与目的语文化的对比，还可以与其他非主流文化、主流文化进行对比，让学生对非主流文化和主流文化产生同样的理解与尊重。

（二）教材内容安排应循序渐进

文化的复杂性、动态性和多层次性决定了文化教学内容的安排不能只是古板的说教。以文化为主题编写的教材要具有渐进性、可操作性，能弹性循环进行教学。唯有这样，学生对文化的体验与认识才能不断地深化。

教材内容的呈现要按照由浅入深，由表及里，从已知到未知，从具体到抽象的序列进行安排，课程内容在不同阶段重复出现，范围逐渐扩大，程度不断加深。跨文化学科的教材要具备系统性、一致性、层次性、前沿性以及时效性的特点，注重与时俱进，编排体系既体现西方国家的人文精神，又映衬出国内对人才需求理念所发生的重大转变；既注重人文关怀，又满足人文素质培养的现实需求。

（三）教学材料注重真实化、语境化、多样化

张红玲指出，能适合跨文化外语教学的教材，一定要遵循教学材料真实化与语境化的原则。因为只有真实的语言教学材料才能刺激学生对所学内容和过程在认知、心理、态度和行为层面产生反应，才能让学生真实体验到跨文化交际。所谓教学材料的真实性就是指能在现实生活中使用，而不是单单为了教学而设计。语言与文化是密不可分的，越来越多的语言学者和教育学家都认同，任何一种语言都不能脱离特定文化下的语境。只有在考虑语境的情况下，语言的表达与理解才能充分与准确。

因此，跨文化英语教学材料的选用既要密切结合学生生活，找到学生的关注点和兴趣点，又要使教材中的文化内容真实化和语境化，既呈现各种文化知识，又体现人文精神。

具体地说，文章的选取要原汁原味，语言流畅自然，话题紧扣主题，涉及东西方文化差异、沟通技能、文化知识等，所有的信息都是在有文化意义的系统中进行传递。

教材应设计相关跨文化意识和技能的练习，选用大量跨文化交际实践案例对学生进行综合训练，使学生运用语言知识、文化知识、实践语境（案例/模拟）结合具体的文化事例，模拟文化适应过程。教师应通过案例进行交际实践，培养学生的跨文化敏感性、宽容性和处理问题的灵活性。

（四）教材内容的编排应促进学生自主学习

张红玲曾提出跨文化英语教学的十条原则，其中特别强调在实施跨文化英语教学时，要实行以学习者为中心，引导学习者自主学习为主的教学模式。庄智象也明确提出，练习设计则更应按教学和认知要求设计，应具备趣味性、互动性、针对性，服务并促进文化和语言的习得。

教材内容的编排设计十分重要，既要有趣味性，能激发学生的学习兴趣，又要有针对性，使学生对设定的教学目标一目了然，让学生学得明白、透彻。练习的设计要让学生自行组成小组进行讨论与分析，让学生有空间去充分思考与审视文化因素。练习部分要注重实践方法，为学生创造情景、语境，让学生在身临其境中体验与感受，进而分析、讨论和运用，提高学生学习的自觉性，培养自主学习能力。教材中安排学

生自主完成的练习要围绕单元主题补充课外知识，使学生扩大知识面，对不同文化有更深入的认识和理解。

二、大学英语跨文化教学策略运用

跨文化交际的迅猛发展对英语跨文化教学提出了新的挑战和更高的要求。跨文化交际能力的培养已成为新世纪跨文化教学的主要目标，自觉的跨文化意识以及对他族文化的敏感性和洞察力，是跨文化交际必备的素质。为此，加大力度研究跨文化教学策略，培养学生的跨文化交际能已成为跨文化教学的重中之重。

（一）加强教师的跨文化训练

世界经济全球化和文化多元化进程的快速发展，使得语言的使用更多地脱离语言发展原有的社会文化环境。在非母语环境中使用时，该语言必然要经历再语境化的过程，这期间，该语言与一种与其本族文化不同的文化发生了关系并彼此相互作用，造就出一种新的交际模式。发生变化的不仅仅是交际进行的大环境，从本族文化和社会到地方文化和社会，各种交际环境都在发生变化。很多将该语言作为外语使用的人会有意识或无意识地把自己文化中的价值观念、行为规范和交际模式应用到交际中，使得该语言使用的小环境（其中包括交际场景、交际者之间的关系、有效交际和礼貌交际的态度等）也发生了变化。总而言之，语言一旦脱离本族文化，经历再语境化，就会与地方文化发生联系，这就为外语教学中跨文化培训的开展提供了条件和机会，并使其成为可能和必然。

不同领域的人们会根据各自不同的需要确定不同的更为具体的训练目的和方法，以满足其跨文化培训和实际跨文化交际的需求。跨文化英语教学以语言、文化、交际三位一体的关系为理论基础，以文化教学和跨文化交际能力培养为核心。跨文化英语教学的有效进行，要求英语教师既要具备深厚的语言功底、较强的交际能力、丰富的教学经验，又要能够了解学生的认知心理、情感特征和教学规律。教师的跨文化交际能力和跨文化教学方法直接影响跨文化教学的进行，因此学校必须针对教师开展跨文化培训，有意识地强化教师跨文化教学的理念，提高教师的跨文化素质，以提高学生的跨文化交际能力。

1.教师跨文化训练的目的

第一，帮助教师拓展文化知识，增加文化知识储备，促使教师能够更加深入地理解有关文化、跨文化交际、跨文化交际意识和跨文化交际能力等重要概念的深刻含义；使教师对语言、文化和交际三位一体的密切关系有更深的理解；使教师正确对待不同文化间的差异，进一步明确英语作为国际中介语和国际通用语的重要作用。

第二，帮助教师增强跨文化敏感性和提高跨文化交际意识，使教师更加清楚地意识到文化在社会、生活各方面的重要作用，及其对跨文化交际所产生的重大影响，充分发挥英语教学的文化教学功能，主动了解不同文化，积极主动地与来自不同文化的人进行沟通、交流；使教师善于发现不同文化之间存在的差异并能够以宽容、理解和欣赏的态度对待文化之间存在的差异；使教师学会不断反思自己的言行和经历的跨文化交际活动，并经常总结自己的跨文化敏感性的发展过程。

第三，帮助教师不断调整自身的文化行为，使教师能够灵活地根据不同文化的特点使用恰当可行的交际策略，调整自己的交际方式去了解新的文化群体，与来自不同文化的人们建立友好的关系，提高跨文化交际能力。

第四，使教师明确文化教学的目的，帮助、指导教师进行文化教学大纲和教学教案的设计，帮助教师合理选用和使用教材，适当选择、补充课外材料，采用切实有效的文化教学方法、合理布置文化学习任务，确定合理可行、可操作性强的文化学习的评估方案。

2.教师跨文化训练的方法

跨文化交际的环境多种多样，跨文化交际的目的因人而异。面对纷繁复杂的培训需求，培训的方法必然不同，主要有以下六种培训方法。

第一，文化现实培训。这是一种较为传统的文化培训方法，主要通过关键事例、案例分析、讲座、录像、阅读、戏剧表演、电影、问答和讨论等手段，由培训者向受训教师传授目的语文化各方面知识。

第二，归因培训。这种培训的目的是使受训者了解并掌握目的语文化的价值标准，从而根据目的语文化的价值标准去对社会行为和言行举止进行归因解释。

第三，文化意识培训。这一培训介绍文化的概念、特点和文化差异的本质，旨在增强受训者的文化意识，树立文化相对论的思想。通常借鉴文化人类学的研究结果，以目的语文化和受训者的本族文化为实例，进行培训。

第四，认知行为调整。这是一个利用学习理论来解决跨文化调适中一些特殊问题的方法，就一些学习者感到理解特别困难的目的语文化的特点，让受训者列出在自己本族文化中被认为应该表扬或惩罚的活动，然后帮助他们对相同活动在目的语文化中的不同意义进行分析和学习。

第五，体验式学习。这是关于具体文化的培训，它不同于文化意识的培训，其目的在于把受训者的情感、行为和认知等各层面的因素都调动起来，采用实地考察、情景练习、角色游戏、文化浸入等体验式学习方法，使受训者在亲身经历和体验中学习。

第六，互动式学习。通过将受训者与目的语文化群体的人或有丰富跨文化交际经验的人结对子，开展一些互动活动，帮助受训者更多地了解目的文化。

对英语教师的跨文化交际能力和跨文化教学能力的培训，涉及文化意识、文化知识、文化能力和文化教学等诸多层面的知识，需要由外语教学、文化学、社会学、跨文化交际学等许多学科的专家共同努力才能完成。不仅需要培训教师精心准备和组织培训内容，也需要受训者全身心投入配合。教师培训是一个漫长的过程。教师不可能通过一次培训一次性获得所需要的所有知识和能力，因此教师培训的重点要放在使教师学会自我提高的方法上，使教师自主提高，勇于研究与创新。

（二）加强文化教学

课堂是跨文化教学的重要阵地，课堂实施是完成教学内容、实现教学目标的决定性环节。

1.注重语篇与语法的文化分析

语篇一般用来指文章、会话、面谈等比句子更大的语言单位，是使用中的语言。它是特定语境和社会文化中语言运用的产物，语篇的形成和样式反映了意义交流时的社会文化语境。口头篇章所涉及的交际风格、交际策略与文化密不可分，息息相关；而书面篇章则是通过篇章结构以及修辞风格来体现其文化内涵。语篇与文化有着密切的联系，不同文化的人所使用的、制造的语篇是不同的，不同的语篇也会建构不同的个人经验和社会现实。

英汉语篇之间的差异主要源于两种语言分别倾向于采用演绎式和归纳式的话语模式。东西方人在修辞策略方面的差异与各自的文化价值取向有着密切的关系。只有从文化的角度来分析不同语言的语篇修辞模式，才能真正厘清语篇与思维模式的关系。

教师在进行语篇教学实践时，要尽力将文化教学融入其中，即把文化教学作为教学目的和教学内容中不可分割的一部分，突出其重要性。教师可通过设计读前、读后任务以及相关文化的讨论，将学生的注意力吸引到具体的篇章内容上，既达到了语篇分析的目的，也能帮助学生深入挖掘东西方在思维模式、价值取向等方面的文化异同及其对于篇章结构产生的影响，利用教材中的丰富资源，不断完善学生的跨文化知识体系。

除语篇之外，语法结构也与思维模式等文化内容有着不可分割的关系。语法同人们的思维模式息息相关，包含着丰富的文化内容，也是人们表达内心感情世界的一种手段。

不同民族的哲学思想塑造了各自不同的思维模式，不同的思维模式又造就了各具特色的语法形态，不同的语法形态特征又呈现出特有的语言表达方式。各民族思维的方式、特征及风格一般都蕴含着丰富的民族文化底蕴。换句话说，一个民族的语法系统和语法使用规则常受其所属语言群体的思维和文化特点影响，带有一定的文化成分，因此不同语言组词造句的规则不尽相同。西方人的思维方式趋向于由外向内的演绎思维，其特点是逻辑实证性较强。这种思维方式在句法方面表现为具有明显的词汇形态特征，便于保持句子成分之间的逻辑关系。与西方人不同，中国人趋向于由内向外的归纳思维，对整体把握和意念体悟十分关注，其特点是逻辑实证性较差，这种思维方式在句法上表现为没有明显的词汇形态特征，其逻辑关系的保持是靠意义的理解而非靠词汇形态的标记。

因此，英语语法教学也不同于汉语语法教学，其重点主要为时态、语序、句子结构。在教学中，教师可以通过区分不同语言中的时态，对比语序方面的异同以及句子结构的差异来寻找不同语言的文化根源，如思维差异，实现语法教学与文化教学的结合。

2.加强词汇的文化教学

跨文化英语教学要充分利用学生对词汇学习的关注与兴趣，使词汇及其蕴含的文化意义的教学成为跨文化教学的重要组成部分。

词汇主要包括单词、词组、习语（成语）、谚语以及警句，它们标志着一个民族的语言、文化、习俗乃至整个社会的发展，并充分体现了其语言群体的思维模式、价值观念、文化环境、文明程度以及生活习惯。

词汇在不同时代、不同社会和不同地理环境中使用会产生不同的差异，因此词汇必须呈现在文化语境中，由此才能确保学生所学到的不是词汇孤立的字面意义。学生学到的应该是活的词汇意义系统，这样才能在不同的语言环境中，恰当准确地使用他们所学过的词汇。每个语言体系中的词汇都承载着大量的文化信息，丰富而多元化；而每个词汇都蕴含着深厚的文化内涵，富于变化，是任何词典与书籍都无法穷尽的。不仅如此，不同语言中的词汇还体现了说话者不同的价值观念。

正因为每个语言系统的词汇以及词汇的运用都与其民族文化紧密相关，带有浓厚的文化背景，所以教师在进行词汇教学时除了注重词汇的意义和用法外，还应该拓展该词汇的文化意义，如词语来源、使用语境以及使用该词汇的注意事项。把词汇的文化渊源、历史因素、社会内涵融入词汇教学是实现词汇与文化教学相结合的重要途径。

3.加强听说教学过程的文化教学

听说教学是语言教学的重要部分，也是学生最为感兴趣的一部分，因为听说活动可以让学生产生参与感，并有机会切实感受跨文化交际过程，使学生感知不同的文化差异并提高交际能力。但是需要注意的是，听与说都要建立在实际内容的基础之上，也就是说，认真选择、合理安排听说内容至关重要。在文化教学中，教师必须确保听说内容的真实性以及实用性，即听说的主题是来自于真实的生活，听说的材料具有一定的意义，并能够反映本族文化和目的语文化的不同侧面。因此，编写听说教材时不仅要考虑学生的语言水平和学习需求，还要密切注意相关文化内容编排的一致性和系统性。教师在安排教学材料和教学内容时，要注意使文化教学的需要与语言教学的需要有机结合，使学生在系统地学习语言知识的同时，也扩展了其他文化知识，增强了文化交际能力。即使受到时间和篇幅的限制，很难做到将目的语文化的某一侧面细致全面地展现给学生，教师也要注意提醒学生在学习过程中对文化变体给予足够的注意，避免由于以偏概全或者过度概括而引起的偏见。

教师要注意利用课堂内外的听说活动，将非语言交际技巧、交际策略融入学生语言交际能力培养的过程中，利用文字、图片、音频相结合的方式来刺激学生的感官和感受能力，使他们有一种身临其境的感受。此外，多媒体教学也是进行跨文化听说教学的重要手段。多媒体教学将各种跨文化交际情景真实地展现给学生，促进了学生跨文化交际能力的培养，为在英语教学中进行文化教学开辟了新的途径，有利于从情感和行为层面上培养学生的跨文化交际能力。

4.加强写作教学中的文化教学

在英语教学中，写作教学与阅读教学和听说教学齐头并进，贯穿于教学的始终。

写作的体裁不尽相同，这决定了其写作内容和写作要求各有不同，但文化教学仍然可以与写作教学有机地结合在英语学习的各个阶段。写作不仅体现了作者的个人经历、生活经验，更能呈现作者的思想价值观念，也就是说能够反映作者身处的文化环境，因此常被看作是讨论和学习日常生活、风俗习惯、价值观念等文化内容的理想基石。

教师可以对比同一主题下学生的作文与西方人的文章，引导学生思考，发现思维方式的异同；也可以指引学生寻找修辞风格的差异，如修辞格、引用方式、论证方式及谚语、俚语的使用，并进一步探索不同语言的深层文化根源。与背景知识导入相似，这部分教学也是以教师的讲授为主来增加学生的知识积累，提高学生的跨文化意识。教师要在阅读与写作教学过程中贯穿跨文化思维能力的训练，让学生通过了解东西方思维方式的异同，体会跨文化交际实践中形成跨文化思维的重要意义。

5.运用案例分析，加强跨文化交际技能的训练

案例分析是通过对实际跨文化交际活动的个案进行讨论分析，从而在知识积累的基础上运用知识，掌握交际技巧。案例分析以学生讨论分析为主，教师指导为辅，突出强调了交际能力的训练。案例分析是跨文化英语教学所倡导的语言文化知识向跨文化交际能力转变的有效途径。

在课堂教学中运用案例进行实际场景模拟训练，可以使学生获得运用英语进行有效的跨文化交际的真实体验，为其实际解决跨文化问题提供方法指导和实践经验。案例内容十分广泛，既可涵盖跨文化语境下的各种日常交际活动，也可包含跨文化交际成功的经验或失败的教训等。案例的完成需要学生之间或学生与教师之间不断地在目的语文化和母语文化间变换角色，不断地解读、反思和调整，使学生能够换位，从目的语文化的角度思考、表达自己的观点。

案例分析教学要求教师具备较强的案例教学调控能力。教师要提出能激发学生主动性并且思路清晰、符合逻辑的问题。教师不但要掌握充足的文化知识，还要准确解读案例的内容，合理设计教学活动，并有效组织与控制课堂教学，使学生能积极参与教学活动，发挥他们的主动性、创造性，通过活动将他们的知识转化为能力。

教师有的放矢的提问为学生的思考分析指明方向；阅读案例学生是获得语言文化知识，训练阅读技能的过程；分析案例使学生的思辨能力和判断能力得到训练，是跨文化意识得以形成的关键阶段；分组讨论能够提升学生的语言综合运用能力和交际技巧；得出结论是对学生的概括、归纳能力加以训练的过程；教师总结则确保了知识的准确性和系统性，为案例分析画上了圆满句号。

案例分析是一个综合训练过程，能够对学生的跨文化知识、跨文化意识、跨文化

思维和跨文化交际能力进行全方位的训练。运用案例教学法进行教学的目的在于培养学生的综合能力。

（三）培养学生自主学习的能力

1.自主学习的概念与内容

自主学习已经成为学者们争相探讨的一个话题。对于什么是自主学习，学者们各有所见。

笔者把英语学习过程中的自主学习归纳为以下三方面内容。

第一，态度方面。学生要以积极的态度对待自己的学习，自愿承担自己学习的责任。

第二，能力方面。学生要有自己负责自己学习的能力，要研究自己负责自己学习的学习策略，能够保证独立地完成自己的学习任务。

第三，环境方面。学生要有一个环境，在这个环境中，学生有大量的机会来锻炼自己负责自己学习的能力。环境及环境因素影响和制约学生综合运用语言能力的发展，英语教学环境的诸多因素自然也影响和制约着学生的英语学习。因此，教师要把自己看作教学环境中的信息传媒体，既要考虑自己在英语教学中的主导作用，又要努力发挥协调教学环境的能动性，以有效的教学组织去激励学生自主学习英语的积极性。

2.学生自主学习能力的培养

自主学习要求学生根据自己的实际情况确定自己的学习目标，制订学习计划，科学地评估自己的学习结果，是体现学生对自己的学习主动负责的过程。自主学习强调的是学生的学习能力而不是学习过程。在大学阶段，学生要明确自己的主体地位，教师起的只是指导辅助的作用。在课堂上教师只是进行指导式的讲解，学生只有通过大量实践才能掌握技能。所以，自主学习在学好大学英语中扮演着一个很重要的角色。学生要以语言规则的认知操作和掌握为基础，努力培养自我创新的意识和能力，通过发掘和运用自身原有的语言认知能力，提高对自身知识水平和学习风格的认识水平，逐步学会掌控个人的学习过程，学会选择学习方式和评估学习结果，最终克服英语学习中的畏难情绪，帮助自己建构个性化的、卓有成效的英语语言学习体系。

教师在课堂上所讲述的内容不可能满足各类学生的要求，那么“第二课堂”的开辟就很有必要。教师要集思广益，努力挖掘各种不受时间和空间限制的学习资源，创建形式多样、内容丰富的第二课堂，培养学生自主学习的能力。

“第二课堂”作为课外学习的主体，是对第一课堂的完善和补充，有利于拓宽学生的知识面，调动学生的学习积极性和创造性，实现学生综合素质的全面提高，有助于学生跨文化交际意识与跨文化交际能力的培养。

参考文献

[1]宋立娜，杨初楠，王丽.新视野视域下的大学英语听说教学[M].长春：吉林大学出版社，2020.

[2]蔺蕴洲，史雨红.大学英语文化教学理论阐释及创新视角研究[M].长春：吉林大学出版社，2020.

[3]李晓娜.大学英语教学[M].昆明：云南人民出版社，2020.

[4]刘燕.文化与大学英语教学[M].北京：科学技术文献出版社，2019.

[5]余玲.文学翻译与大学英语教学[M].北京：原子能出版社，2019.

[6]周建萍.大学英语教学行动研究[M].北京：旅游教育出版社，2019.

[7]丁睿.大学英语教学发展研究[M].长春：吉林人民出版社，2019.

[8]刘蕊.大学英语教学的发展思考与创新[M].北京：九州出版社，2019.

[9]王晓静.ESP 视角下大学英语教学研究[M].北京：中国原子能出版社，2019.

[10]张茂君.当代大学英语教学与文学的融入探究[M].长春：吉林大学出版社，2019.

[11]丁煜.大学英语教学多维探究[M].武汉：华中科学技术大学出版社，2021.

[12]段茂超.大学英语教学创新与实践研究[M].长春：吉林出版集团股份有限公司，2021.

[13]成畅.大学英语教学与课程建设新探索[M].长春：吉林人民出版社，2021.

[14]王凤玲.信息化背景下大学英语教学的变革与探索[M].长春：吉林出版集团股份有限公司，2021.

[15]蒋春丽.互联网+视域下大学英语教学新模式的研究[M].北京：中国书籍出版社，2021.

[16]刘丰振.多元视角下的大学英语教学与发展研究[M].北京：中国纺织出版社，2021.

[17]刘慧.突出自主学习的大学英语教学模式创新研究[M].北京：企业管理出版社，

2021.

[18]李晓玲.大学英语教学方法研究[M].西安：陕西科学技术出版社，2020.

[19]孙琳.大学英语教学设计与有效教学[M].长春：吉林大学出版社，2020.

[20]冯建平.新时代大学英语教学研究[M].长春：吉林大学出版社，2020.

[21]周保群.大学英语教学模式与课程建设研究[M].重庆：重庆大学出版社，2020.

[22]张献.大学英语教学理论及实践应用[M].武汉：中国地质大学出版社，2020.

[23]邝增乾.大学英语教学的情感因素研究[M].长春：吉林人民出版社，2020.

[24]朱飞.大学英语教学中的翻转课堂[M].长春：吉林大学出版社，2020.

[25]韩楠.大学英语教学体系构建与创新性研究[M].长春：吉林大学出版社，2020.

[26]潘英慧.基于微课的大学英语教学模式分析与研究[M].长春市:吉林科学技术出版社，2020.

[27]许丽云，刘枫.大学英语教学的跨文化交际视角研究与创新发展[M].北京：中国商务出版社，2020.

[28]李爱华.认知隐喻视角下的大学英语教学研究[M].长春:吉林出版集团股份有限公司，2020.

[29]张鑫，张波，胡小燕.跨文化交际视阈下大学英语教学理论构建与创新路径[M].长春：吉林大学出版社，2020.

[30]周奋.大学英语课堂教学研究[M].长春：吉林人民出版社，2020.

[31]姚永红.新媒体时代英语多模态教学模式架构[M].长春：东北师范大学出版社，2018.

[32]李晓朋."互联网+"时代英语自主学习与课堂教学的整合模式探究[M].成都：电子科技大学出版社，2018.

[33]黄燕鸥."互联网+"背景下大学英语教学体系的反思与重建[M].成都：电子科技大学出版社，2018.

